“いつもの私”で毎日がうまくいく

# My Rules

日経WOMAN

# はじめに

あなたは1日の終わりに、どんな気持ちになることが多いですか？


「今日は仕事、頑張ったなあ～。晩酌のビールがおいしかった！」

「大好きなユキコと深い話ができて、うれしかった」

「いらないモノを一気に片づけて、すっきりした～」


…など、前向きな気持ちですか？　それとも、

「後輩のサトウさんになんであんなにキツイこと言っちゃったんだろう…」

「マナミが誘ってくれた飲み会、悪口や自慢話ばかりで疲れちゃった」

「会社の机も部屋の中も散らかりすぎてて、うんざり…」


…など、モヤモヤした気持ちですか？

日々、いろいろなことが起こりますが、
それにひとつひとつ対処していかなければ、人生は前に進みません。

その際に、周りに振り回されてしまうばかりでは、
どんどん疲れて、自己嫌悪に陥ってしまい、
「自分が本当はどうしたいか」という本音に気づけなくなってしまいます。

**周りに振り回されないためのコツは、**
**自分なりの「マイルール」を持つこと。**

「後輩を注意する前に、まず褒める」「飲み会は好きな人とだけ行く」
「洗面所だけはキレイにする」などなど、
自分の〝いい状態〟を保つためのルールを、決めてみませんか?
この本では、20代から80代までの働く女性たち86人が
自分らしくいられるための「マイルール」を紹介しています。
なかには知る人ぞ知る、有名な女性もいますが
多くは皆さんの身近にいるような、等身大の働く女性です。

読み方、使い方は自由です。例えば、こんな使い方はいかがですか？

- □ パッと開いたページで見つけたルールを取り入れてみる
- □ 「暮らし」「お金」「仕事・スキルアップ」「美容・健康」の全4章のうち、気になるジャンルのルールから読んでみる
- □ 自分と同じ年代や職種の人のルールを参考にしてみる

そして巻末には、「My Rules 書き込みシート」があります。
この本を読んで自分なりのルールを思いついたら、
「暮らし」「お金」「仕事・スキルアップ」「美容・健康」の4テーマに加え、
好きなテーマを設定して、3つずつ書き込んでみてください。
この本に載っているさまざまな人のルールを通して、
自分を整えるための方法を知ることは、きっとあなたの糧になるはずです。
「いつもの私」に戻れる、あなたなりのマイルールをぜひ、見つけてください。

# この本の読み方

**ルールの詳細**
右ページで書かれたルールを
詳しく解説しています。

**プロフィール**
あなたに近い年齢や職業、
暮らし方の人がいたら要注目！

広瀬美智代さん

27歳／東京都／メーカー・営業／ひとり暮らし

1 普段は300円の社食、週1回は1000円の贅沢ランチ

2 パンプスはワコールのサクセスウォークをリピート買い

3 旅は年5回、トータル10万円以内に収める

1 普段は1食300円の社食利用で食費を抑える代わりに、週1回は1000円前後の贅沢なランチを楽しむ。「メリハリをつけることで、節約のストレスがたまらないようにします」。

2 営業で1日中外回りをしても、足が痛くならないワコールのサクセスウォークを愛用。「安い靴を何足も買い直すより、足に合う靴を長く履いたほうが結果的にお得です」。

3 年に4～5回は国内外へ旅行してリフレッシュ。「『トラベルコ』などの比較サイトを利用して、少しでも安いプランをリサーチ。旅費は年間10万円以内に抑えます」。

20代後半に都内でひとり暮らしを始めた広瀬美智代さん。「駅近・新築・オートロックを条件にすると、家賃はどうしても月8万円超えに。その分、他の出費を抑えるようにしています」。節約のために時間を費やしているのが、徹底したお得情報のリサーチ。欲しいものはまずメルカリに出品がないか探し、決済アプリのキャンペーン時期をチェック。「美容院やネイルサロン通いも欠かしたくないので、美容系クーポンも活用。時間をかけて情報を集めれば、お金をかけずにやりたいことを実現できます」。

20万円
380万円
219万円

**その人を紹介するストーリー**
右ページのルールを持つ人の
背景にあるストーリーを紹介。

**3つのルール**
その人が大切にしている
3つのルールを紹介。

**MONEY DATA**
「第2章 お金のMy Rules」は、
手取り年収・手取り月収・貯蓄＆
投資総額のデータ付き。

CONTENTS

星野夏美さん（仮名）〔33歳／広島県／医療・事務／実家暮らし〕 …… 50
引田孝美さん（仮名）〔34歳／愛知県／メーカー・広報／ひとり暮らし〕 …… 52
塩見祥子さん（仮名）〔34歳／愛媛県／教育・事務／ひとり暮らし〕 …… 54
坂下真子さん（仮名）〔34歳／医薬品・営業事務／夫と子供1人と同居〕 …… 56
斉藤加奈さん（仮名）〔35歳／富山県／マスコミ／ひとり暮らし〕 …… 58
綿貫めぐみさん（仮名）〔36歳／大阪府／金融・コールセンター／ひとり暮らし〕 …… 60
世良りかこさん（仮名）〔39歳／福岡県／医療・理学療法士／子供2人と同居〕 …… 62
中野はるかさん（仮名）〔42歳／サービス・デザイナー／ひとり暮らし〕 …… 64
花池夢子さん（仮名）〔45歳／小売・事務／ひとり暮らし〕 …… 66
篠原かなでさん（仮名）〔49歳／大阪府／メーカー・秘書／ひとり暮らし〕 …… 68

**みんなのルール編**

自分を整えるルール② …… 70

**リアル調査編**

働く女子の「お金」の意識を探ってみました …… 76

## 仕事・スキルアップのMy Rules

三好 彩さん〔29歳／保険・営業〕 …… 78
鈴木彩乃さん〔29歳／マーケティング・営業〕 …… 80
菊池華恵さん〔35歳／人材・取締役〕 …… 82
坪倉 愛さん〔36歳／人材・営業／夫と子供1人と同居〕 …… 84
篠田尚子さん〔36歳／証券・ファンドアナリスト／夫と2人暮らし〕 …… 86
山田かおりさん〔37歳／IT・マネジャー／実家暮らし〕 …… 88
森下由佳子さん〔37歳／百貨店・バイヤー〕 …… 90
辰巳祐里香さん〔40歳／サービス・企画〕 …… 92
山田貴子さん〔40歳／自動車・企画〕 …… 94
石田ふみさん〔43歳／人材・教育研修〕 …… 96
池田千恵さん〔45歳／朝イチ業務改善コンサルタント〕 …… 98

## 美容・健康のMy Rules

第1章

# 暮らしの My Rules

仕事のときは気を張っているけれど、
家の中のことはついルーズになりがち…という人も多いのでは？
そんな人は、家での過ごし方やモノの持ち方などに
少しだけルールを設けることで、毎日がもっと快適になるはず。
暮らしを整えて、日々を前向きに過ごしている人たちの
マイルールを紹介します。

# しおりさん　@shiori_gurashi

28歳／会社員／夫と2人暮らし

RULE 1

大物の家具は、年始に予算を立てて購入する

RULE 2

トップスはプチプラを1年着て、ボトムスは上質なものを長く着る

RULE 3

台拭きはウエットティッシュを使い、洗う手間を省く

## In Detail

RULE 1

大物の家具の買い替えは年間計画で。年始に予算を決めて、しっかり吟味して買う。「リビングで使っているシンプルなテーブルとソファは、無印良品で2年前に購入しました」。

RULE 2

トレンドを取り入れたいトップスはユニクロなどで低価格のものを買い、1年で着倒す。ボトムスは通年着られる1万～2万円の上質なものを選び、4～5年は着用する。

RULE 3

布巾を洗う手間を省くため、テーブルなどの台拭きは、キッチンに常備したウエットティッシュで。「ついでにリモコンも拭いてから捨てます」。

### 買い替えを徹底し、“増えない部屋”に
### 使い捨てのアイテムも活用する

雑貨好きで、以前の部屋は散らかっていたと言う、しおりさん。シンプルライフを提唱する本を読んで、手持ちのものを見直すようになった。使わないものや愛着のないものは手放し、使用頻度の低いものは使い捨てや兼用で済ませることにした。新しく買うときは〝買い足し〟ではなく、〝買い替え〟で、モノの数を一定にキープ。「高額な買い物は年初に予算計画を立てることで、予算オーバーや失敗がなくなりました」。インテリアをシンプルにした分、季節の花や緑を取り入れるように。「昔はあまり落ち着かなかった自宅が、今は一番心地よくて安らげる場所になりました」。

## 矢部美香さん（仮名） @m_i__6

31歳／ヘアメイク／ひとり暮らし

RULE 1

“持たない生活”で
都心の5・5畳の
ワンルームを快適に

RULE 2

靴は棚1段に1足。
計5足を
ローテーション

RULE 3

月1回、
食器を捨てる日を
決める

## In Detail

RULE 1

転職とともに、郊外の10畳の部屋から都心の5.5畳・1Kに住み替えた。「収納がコンパクトになり、思い切った断捨離が必須に。モノを持たない生活にシフトしました」。

RULE 2

頻繁に履くデザインの靴だけを種類別に1足ずつ持ち、計5足をローテ。お気に入りの靴は履き潰してから、同じものを買う。「収納棚1段に1足だけ。スッキリして気持ちいい」。

RULE 3

シンク下に収納している食器は、最近使っているか、代用できるものは？ と月1回見直して、捨てる日を決める。「ペアの食器は持たず、1点買いしています」。

## “モノ疲れ”から脱却！ 5.5畳の1Kでミニマリスト生活に

郊外の10畳の部屋から都心の5・5畳に住み替えて以来、スッキリした生活に目覚めた矢部美香さん。以前は洋服が100着以上とモノがあふれた生活を送っていたが、頻繁に使わないモノを1年かけて手放し、モノを増やさない3つのルールを決めた。1つ目は、1つで複数の機能が期待できるものを探す。2つ目は「リップは1本」というように、ワンテーマ・ワンアイテムに絞る。3つ目は、必要かどうかを見直す習慣を持つことだ。そのかいあって、洋服は20着ほど、本は6冊、靴・バッグは共に5つずつまでに厳選。「部屋が整うと頭も心もスッキリ。お金も貯まって、いいことだらけです」。

## 佐伯和香奈さん

38歳／金融・企画／ひとり暮らし

RULE 1

起床後と帰宅後にすべての窓を開け、5分換気する

RULE 2

家具を最小限にし、愛犬が動き回れる空間に

RULE 3

玄関のたたきには、今日履いた靴しか置かない

## In Detail

RULE 1

起床後と帰宅後は5分ほど窓を開け、空気を入れ替える。「食事やペットの臭いなど生活臭は部屋の中にこもりやすい。冬でも冷たく澄んだ空気が気持ちいいです」。

RULE 2

「愛犬のギズモが安全に動き回れるよう、家具は最小限にして、広々とした空間をつくっています」。テーブルはソファ横にぴったり収まる折り畳み式。「ムダなモノは置きません」。

RULE 3

玄関のたたきに出しておく靴は、その日に履いたものを1足だけ。「翌朝湿気が取れたら靴箱にしまい、履く靴を出します」。足に合わない靴はすべて処分し、靴箱もすっきり。

## 散らからない仕組みをつくり、愛犬との暮らしを満喫

東京スター銀行に勤める佐伯和香奈さんは、愛犬〝ギズモくん〟と1LDKのマンション暮らし。忙しくても愛犬との時間を楽しめるように、部屋が散らからない仕組みづくりを徹底した。帰宅後すぐにバッグやコート、アクセサリーを定位置へ。床には極力モノを置かない。「平日の掃除は出勤前に3分間、フロアワイパーで水拭きするだけ。モノが少ないのでラクです」。部屋の片づけに時間を取られないため、夜に愛犬と遊ぶ余裕が生まれた。「30代半ばは体調を崩すことが多かったのですが、当時はモノが多く、家にいても落ち着かなくて。不要なモノを捨てたら、不思議と体調も良くなりました」。

# 鈴木尚子さん

40代／ライフオーガナイザー

RULE 1

1日の時間を「投資・消費・経費・浪費」の4つに分ける

RULE 2

料理は「作り置き」ではなく「下ごしらえ」で時短

RULE 3

仕事の後は1杯のシャンパンでリラックス

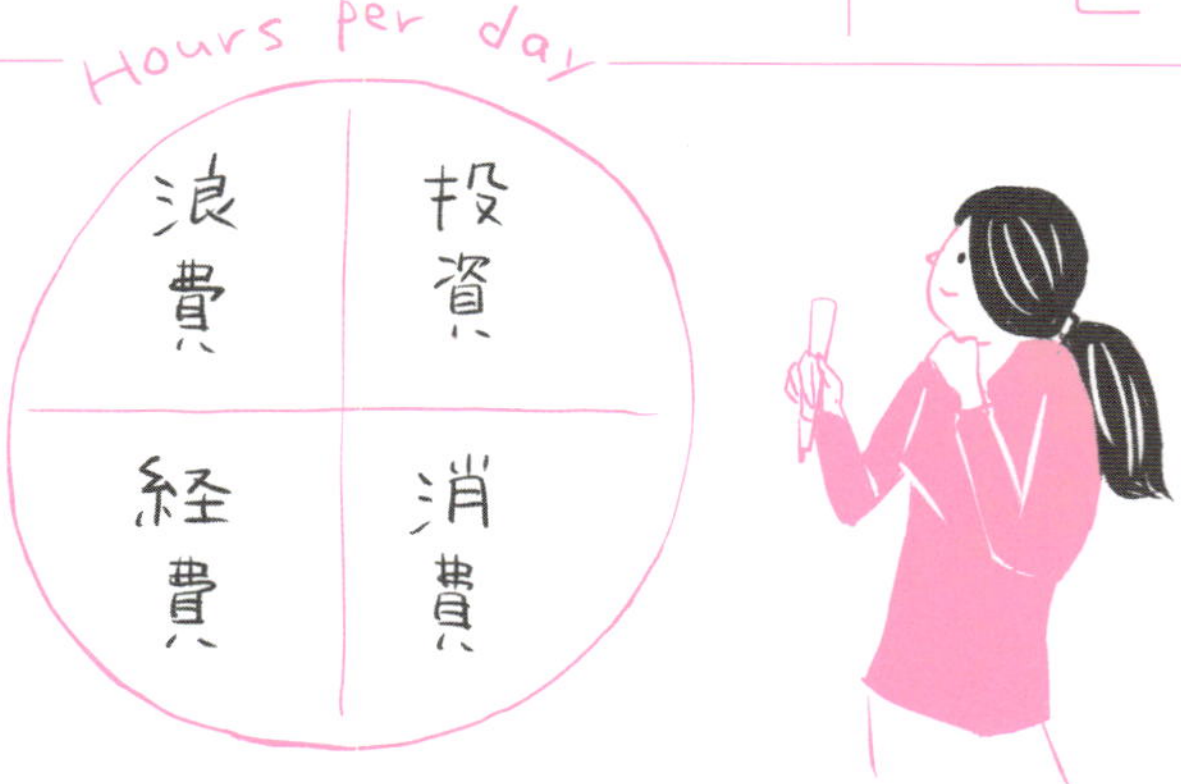

## In Detail

RULE 1

「投資」は旅行や美容、趣味の時間。「消費」は炊事や睡眠など必要な習慣。井戸端会議は「経費」で、衝動買いは「浪費」。浪費の行動を減らし、投資の行動を増やすよう意識。

RULE 2

買った食材は下ごしらえして、日々の料理時間を短縮。「何日も同じ味で食べ飽きてしまう作り置きより、アレンジ自由なゆで野菜のほうが便利。冷蔵庫にストックしています」。

RULE 3

仕事の後のシャンパンは格別の味。「自宅で飲んだり、シャンパンが飲めるカフェを見つけておいて仕事帰りに立ち寄ったりします。手帳を書きながら飲むことも」。

## 時間の使い方を整理して、生み出した時間を「投資」に充てる

「やりたいことが何もできないという人は、1日の行動をすべて書き出してみて」と、ライフオーガナイザーの鈴木尚子さん。「時間の使い方を整理するには、書き出して視覚化し、タイプ別に分類するのが効果的。ムダをなくして新たに生み出した時間を『投資の時間』に充てれば、人生の満足度は確実に上がります」。その際、日ごろから自分のやりたいことも整理しておくと、躊躇せず行動に移せるという。「コーディネートを考えながら洋服を選ぶといった〝思考と行動の同時進行〟は迷いが生じて、非効率的。行動のために必要な準備をしておくと、時間の使い方がスムーズになります」。

# 下河内優子さん

43歳／金融・事務／夫と子供3人と同居

RULE 1

朝の30分間、オンライン講座を聴きながら家事をする

RULE 2

昼食後は職場の休憩室で15分ほど仮眠

RULE 3

子供でも味噌汁を作れるようにカット野菜を冷凍保存

In Detail

RULE 1

スマホやパソコンで心理学に関するオンライン講座を受講。「聴くだけなので家事をしながらでもOK。時間を有効活用できます」。20分程度のスカイプ勉強会に参加することも。

RULE 2

昼食後、時間があるときは職場の休憩室で10～15分ほど昼寝をして、午前中の疲れを取る。「頭がスッキリし、午後からの仕事にも集中して取り組めます」。

RULE 3

調理中に余った食材は小さくカットし、ファスナー付き保存袋に入れて冷凍保存。「時短調理に役立つ上、子供たちでも簡単に味噌汁を作ることができます」。

## 家事＆育児の合間に 勉強時間をちょこちょこ確保！

金融会社で事務職を務める下河内優子さんは、3人の子供を持つワーキングマザー。「仕事、家事、育児で悩んだことがきっかけで、2016年の春から心理学を学び始めました」。勉強を続けられるコツは、〝ながら勉強〟とすきま時間の活用。「朝と夜は家事をしながらオンライン講座を聞き、通勤時間はメルマガで勉強。家事はひとりで抱え込みません。子供でも家事ができるように工夫するなどして、家族の協力を得ています」。16年は毎週講座へ通い、17年の8月には心理カウンセラーの資格も取得した。「時間を上手に使って勉強したおかげで、子育てや仕事が楽しくなりました」。

## 夏川ゆりさん（仮名）

44歳／保険・事務／子供2人と同居

RULE 1

夜寝る前に
炊飯器と洗濯乾燥機の
タイマーをセット

RULE 2

朝の家事を終えたら、
コーヒーを淹れて
ひと息つく

RULE 3

家の至るところに
花を飾る

RULE 1

寝る前に、炊飯器と洗濯乾燥機のタイマーをセット。翌朝の起床時間前にはご飯が炊き上がり、洗濯も乾燥まで完了。「タイマー付きの家電はワーママには欠かせません」。

RULE 2

朝の家事が落ち着いたら、ネスカフェのコーヒーマシンで淹れたホットコーヒーを飲んで、ひと息つく。「家を出るまで、新聞やテレビでニュースをチェックします」。

RULE 3

自宅の至る所に、多くの花を飾っている。「亡くなった主人も私も花が大好き。余裕がある朝に、花器の水を交換します。夜、仕事で疲れて帰っても、花を見ると元気が出ます」。

## 朝5時起きで家事を終わらせて夜はくつろぎタイムに

数年前に夫を亡くし、中学生と高校生の子供と暮らす夏川ゆりさん。生命保険会社でフルタイムで働き、帰宅は19時を過ぎることも多い。「夜は子供との時間やひとり時間を確保したい」と、家事は朝に片づけるのが日課だ。起床は5時過ぎ。洗濯物を畳んだ後、朝食、弁当、夕食の仕込みに30〜40分かける。「朝食後は歯磨きしながら鏡を磨くなど、〝ながら家事〟が基本。モノを少なくし、棚や床の上に置かないようして、散らかりにくい部屋を目指しています」。朝に家事を頑張った分、夕食後は気ままに過ごす。「テレビを見ながら家族みんなで笑って過ごすひとときに、幸せを感じています」。

## 柿崎こうこさん

49歳／イラストレーター／ひとり暮らし

RULE 1

赤ワインをたしなむ
夜時間は
〝ダラダラ時間〟と考えない

RULE 2

〝生き金〟になると
思うものにしか、
お金を使わない

RULE 3

ネガティブ感情は
「はい、終わり」と
手をたたいて退治する

In Detail

RULE 1

1日の終わりにはソファに座って赤ワインを飲みながら、考え事をして過ごす。「自分を見つめ、心を整えるための大事な時間なので、ムダとは考えません」。

RULE 2

例えば、調味料は自炊をランクアップする“生き金”と捉え、良いものを選ぶ。反対に、「グチの多い飲み会は“死に金”と考え、参加しません」。

RULE 3

心がネガティブな方向へと傾いたら、パンと手をたたき、「はい、終わり」と唱える。「声に出すと、意外なほど気分が切り替わります」。

## 「やる・やらない」の線引きを決めて日々、気持ちを穏やかに保つ

イラストレーター・柿崎こうこさんの仕事場兼自宅は、38㎡とコンパクトながら、狭さを感じさせない快適な空間だ。「家の中で1日が完結しがちなので、モノのいる・いらない、日常習慣のやる・やらないの線引きをしっかり決めています」。朝一番に湯を沸かし、フロアワイパーで床掃除、ウエットティッシュで玄関のたたきを拭く。好きなモノだけを家に置き、夜11時以降は仕事をしない、お金は〝生き金〟と思えるものだけに使う――。「する・しない」のルールを決めると、暮らしは自然と整う。「1日の終わりにはソファに座ってワインを。自分を見つめ、整える大切な時間です」。

## 一田憲子さん

55歳／編集者・ライター

RULE 1

雑誌の切り抜きや、ネットのブックマークはしない

RULE 2

モノを買うときはブランド名に頼らない

RULE 3

1日に使う力は9割まで。1割の余裕を残しておく

RULE 1
切り抜きやネット記事のブックマークは、ほとんど見返さないのでやめた。印象に残ったことはノートにメモ。大事なことだけを抽象化して書くことで、頭に残りやすくなった。

RULE 2
以前は、大好きな器を買うときも作家名やブランド名に頼っていた。「自分の生活に合うものが分かった今は、無名作家や大量生産品のなかにも光るものを見つけられるように」。

RULE 3
「明日でもいい」ことは無理してやらず、後回しに。「早く終えても次の仕事が湧いてくるだけ。あえて1割の余裕を残しておくことで、感じる力や吸収力が上がる気がします」。

## 「素敵な暮らし」をマネすることをやめ、自分の軸を持ったら毎日がラクに

フリー編集者の一田憲子さんは、「丁寧な暮らし」を実践する人々を取材し、それを自身も取り入れてきた、いわば〝暮らしのエキスパート〟だ。しかし、「素敵な暮らしに憧れ、たくさんマネしてきましたが、もともと面倒くさがりなせいで続かないことも。完璧にできずに自己嫌悪に陥ることも多かったです」。試行錯誤を重ねた末に、「どんなに見栄を張っても、自分以上の人間にはなれない」と、いい意味で諦めるように。「自分が心地いいと思えることだけを残し、それ以外はためらわずやめる。この自分軸を持ってから、心が軽くなり、毎日をご機嫌に過ごせるようになりました」。

みんなの ルール編

日経WOMAN
公式インスタグラムに
投稿いただきました!

# 自分を整えるルール①

日経WOMAN公式インスタグラム(@nikkeiwoman)で
「あなたが大切にしているマイルール」を募集しました。
投稿のなかでも特に多かった「自分を整えるルール」からご紹介。

Miho*さん @pink_sheep.walk
[28歳/東京都/教育・企画/夫と2人暮らし]

RULE 1
**本代は惜しまない**。面白そうだと引っかかった本はとりあえず買う

RULE 2
集中してパソコンに向かっていても、話しかけられたら**笑顔で振り向く**

RULE 3
毎日、**テンションの上がる服**を選んで着る

## makiko moriguchiさん @kuroneko._.tomato

〔47歳／静岡県／パート・NPO職員／夫と子供2人と同居〕

RULE 1
ふわりと湧いた平日休みは、**完全に自分好みの映画**をソロ鑑賞

RULE 2
「疲れた」「忙しい」は周りにアピールしないが、**「お願い事」はする**

RULE 3
子供の頑張りは、**大げさなくらい褒める**

## aoi satoさん @aopu76

〔31歳／熊本県／人材・広報企画事務／実家暮らし〕

RULE 1
**読書はお気に入りのカフェで**する

RULE 2
近所の銭湯へ行ったら、**夜空を見上げながら露天風呂**に入る

RULE 3
ムシャクシャしたり悩んだりしたときは、**近くの運動公園を夜ラン**してスッキリする

## Mariko Kawaguchiさん @marikobon

〔47歳／東京都／整理収納アドバイザー兼レストランサービス／パートナーと2人暮らし〕

RULE 1

朝起きたら、
**うれしいことを想像して**ニヤニヤする

RULE 2

お通じの後、**簡単でもトイレ掃除**をする

RULE 3

嫌なことがあったら**色鉛筆で塗り絵**をする
（不思議と必ず解決してきました）

## momocoさん @moco_mw

〔32歳／北海道／助産師／夫と子供1人と同居〕

RULE 1

**とにかく書く**（その日の振り返り、自分の気持ち、
目標などなどを手帳に）

RULE 2

離れたところに住む
**実家の両親に毎日連絡**する

RULE 3

疲れたら**たくさん食べて、とにかく寝る**

## かめさん @kamesan1130

〔32歳／東京都／建設・一般事務／夫と2人暮らし〕

RULE 1
どんなに眠くても、**メイク落とし**を欠かさない

RULE 2
週に1日は**お金を使わない日**にする

RULE 3
夫婦円満のため、**1日1回はキス**をする

## 慈子さん @harada.yossy.0426

〔37歳／介護職・管理者／子供2人と同居〕

RULE 1
起床後はカーテンを開けて、**朝日を浴びる**

RULE 2
**お墓参りや神社へ行く**ことを習慣に

RULE 3
何事にも、「**ありがとう**」をつけ加える

## きじくんさん @kchan1320

［26歳／宮崎県／サービス・飲食／彼と2人暮らし］

RULE

### 1 **寝る前にお気に入りのハンドクリーム**を塗る

クナイプの夜美容ハンドクリームのホップの香りで、リラックス＆リフレッシュ。

RULE

### 2 **携帯ラジオ**を聴きながら、家事を済ませる

テレビは苦手。ラジオを聴きながらだと、家事がとてもはかどることにも気づきました。7時までに朝ごはんと身支度を済ませるのが、日々のモチベーションを高めるマイルールです。

RULE

### 3 車社会でも、**気分転換に電車で移動**する

最近は市内まで婦人科に通院のために電車で移動し、1日1万歩近く歩いて気分転換しました。

### haruさん @myfavoorites

［42歳／埼玉県／医療・看護師／ひとり暮らし］

RULE 1

**エコ活動気分を味わう**ために、
レジ袋はもらわない

RULE 2

元気がないときは**マッサージを受けて**、
人からエネルギーをもらう

RULE 3

**小物にだけは**お金をかける

### Yamaguchi Mitsui Sachioさん @sachiko5353

［32歳／大阪府／自営業・ピアノ講師／夫と子供1人と同居］

RULE 1

車の中では、**ピアノ曲を大音量で**聴く

RULE 2

ストレスがたまったら、**ひとりカラオケへ**

RULE 3

昼食後は**瞑想する**

リアル調査編

# 働く女子の習慣について聞いてみました

## Q　今、あなたが意識的に続けている習慣は？（複数回答）

| | | |
|---|---|---|
| 1 | 貯蓄・お金の管理 | 34.7% |
| 2 | ストレッチやエクササイズ、スポーツ | 33.9% |
| 3 | 早起き | 27.4% |
| 4 | 健康的な食生活 | 24.7% |
| 5 | 早寝（夜更かししない） | 24.5% |
| 6 | 読書 | 23.9% |
| 7 | 部屋の掃除や整理整頓 | 21.3% |
| 8 | 勉強 | 14.7% |
| 9 | 日記など、日々の記録をつける | 12.9% |
| 10 | 日々の挨拶などのコミュニケーション | 10.8% |

## Q　習慣によって実現したいことは？（複数回答）

| | | |
|---|---|---|
| 1 | 健康維持やスタイルキープなど、カラダを健やかに保つ | 56.1% |
| 2 | 家や生活を整える | 46.6% |
| 3 | 時間のムダをなくす・時間を有意義に使う | 38.4% |
| 4 | 日々の充実感を上げる | 33.9% |
| 5 | スキルアップやキャリアアップにつなげる | 30.3% |
| 5 | 人生が豊かになるような学びや教養を身に付ける | 30.3% |
| 7 | 自信を身に付ける・ポジティブな気持ちになる | 26.6% |
| 8 | 自分の悪いところ、好きではないところを直す | 23.7% |
| 9 | 努力の積み重ねで、なりたい自分に近づく | 23.4% |
| 10 | お金の使い方を改める・貯蓄を増やす | 22.4% |

★アンケートは2018年11月、日経WOMAN公式サイトで実施。380人（平均年齢39.6歳）が回答。

第 2 章

# お金のMy Rules

お金の使い方には、その人の性格や価値観が表れます。
何にお金をかけるか、かけないか。
しっかり貯められるか、無計画に使ってしまうか…。
貯蓄がどれだけあれば安心するかは人それぞれで、
大切なのは「生きたお金の使い方」ができるかどうか。
お金のマイルールを持つ人たちから、そのヒントを学べるはずです。

## 上野菜央さん（仮名）

23歳／東京都／教育・営業企画／ひとり暮らし

RULE 1

年間70万円のボーナスのうち、8割を貯蓄する

RULE 2

インスタの写真は6万円のミラーレス一眼で撮影

RULE 3

大学の社会人向け講座で、仕事に役立つスキルを学ぶ

RULE 1

「給料日に貯蓄用の口座へ5万円を入金。年間約70万円のボーナスは、8割を貯蓄し、残りは自由に使います。30歳までに貯蓄1000万円が目標です！」

RULE 2

「趣味を充実させたくて、約6万円で念願のミラーレス一眼カメラ、パナソニックの『ルミックス』を購入。旅先や季節の風景などを撮影して、インスタにアップしています」

RULE 3

「週末に大学の社会人講座に通い、マーケティングと経営戦略を学んでいます。全4回で3万円程度と安くありませんが、いつか商品企画などの仕事にもチャレンジしたいです」

## おいしい食事、勉強…貯蓄をしつつ、人生を楽しむ

大学卒業後、教育系出版社に入社した上野菜央さん。「いつか商品開発やマーケティングの仕事を」と、週末は大学の社会人講座でマーケティングや経営戦略を学ぶ。今は社会人2年目。さまざまな経験を積み、人生を楽しむことに貪欲で、友人との食事会や彼との国内旅行、大好きな洋楽のライブなども楽しむ。一方で、社会人1年目から毎月5万円をコツコツと貯蓄中だ。「2年で120万円貯めました。お金のセミナーにも参加して勉強中。将来はアロマセラピストとして、自宅で副業するのが夢です」。

MONEY DATA

【手取り月収】26万円

【手取り年収】380万円

【貯蓄額】120万円

# 中田真由さん（仮名）

26歳／秋田県／医療・専門職／ひとり暮らし

RULE 1

月3万円を「特別費」として積み立て、旅行代に

RULE 2

洋服は30着以下しか持たない

RULE 3

図書館で3回以上借りた本は購入する

RULE 1

特別費として月3万円を積み立てておき、年2～3回は旅行するのが楽しみ。「国内を中心に、1回当たり6万～7万円の予算で旅行。昨年は伊勢神宮へ行きました」。

RULE 2

2年前から断捨離を続け、200着以上あった服が30着未満に。今は服飾費として月に約2000円を積み立てる。毎日使うバッグは値段が張っても、いいものを長く使う。

RULE 3

帰宅時や休日には、自宅から10分の図書館へ。ファッションや実用書、マネー関連の本を中心に借り、「同じ本を3回以上借りたら、購入するつもりです」。

## 服飾、美容、特別費を袋分け 毎月予算決めし、貯蓄額を決定

MONEY DATA

〔手取り月収〕25万円
〔手取り年収〕370万円
〔貯蓄額〕180万円

医療系専門職の中田真由さん。夜勤や土日の勤務が不定期で入る仕事で、月収は25万円ほど。冬は寒さが厳しく、光熱費は月1万2000円に上るが、夏は7000円程度だ。収入や生活費が変動しても年100万円の貯金目標を達成するため、月1万7000円の積立定期預金に加え、貯蓄を含めた予算を月末につくる。給料から水道・光熱費が引き落とされた残りの金額から、追加の貯蓄額、服飾費、美容費、特別費を決め、袋分けなどで管理。「使える額が目に見え、やりくりしやすいです」。

# ももさん（仮名）

26歳／新潟県／福祉・専門職／彼と2人暮らし

RULE 1

カラー診断で似合う服を知り、服飾費を年40万円節約

RULE 2

地方在住でも、あえて「車を持たない」生活に

RULE 3

給与振込口座を2つに分け、月5万円を先取り貯蓄

RULE 1
パーソナルカラー診断を受け、似合う色の服だけを持つようにした。買い物も慎重になり、月4万～5万円かかっていた服代が、今は1シーズンで2万～3万円程度に。

RULE 2
平日は全く車を使わないので、維持費や税金などのコストを考え、あえて“持たない”選択を。「大きな買い物をする際はレンタカーやタクシーを利用。所有するよりお得です」。

RULE 3
給与振込口座を2つに分け、手取り月収16万円のうち5万円を貯蓄用口座に、11万円を生活費用口座に入金。「財布は生活費用と小遣い用に分けて月の予算を入れます」。

## ムダを徹底的にカットし
## 目標は貯蓄1000万円！

昨秋から結婚前提の彼と同棲を始めた、ももさん。家計をまとめ2人の手取り月収の30%に当たる約12万円を毎月の貯蓄&投資に回す。「30歳までに貯蓄1000万円が目標です」。上手にやりくりできるよう、暮らしも整えた。「週末の作り置きで平日の外食費を削減。服は似合う色だけ買うようにしました」。年会費がかかるクレジットカードは解約し、格安スマホにも切り替えて、支出のムダを徹底的にカットした。「ネットでお得情報をチェックするのが大好き。まずは、結婚資金や住宅購入資金を貯めたいです」。

MONEY DATA

［手取り月収］16万円
［手取り年収］260万円
［貯蓄額］580万円（自分名義）

## 広瀬美智代さん（仮名）

27歳／東京都／メーカー・営業／ひとり暮らし

RULE 1

普段は300円の社食、週1回は1000円の贅沢ランチ

RULE 2

パンプスはワコールのサクセスウォークをリピート買い

RULE 3

旅は年5回、トータル10万円以内に収める

RULE 1

普段は1食300円の社食利用で食費を抑える代わりに、週1回は1000円前後の贅沢なランチを楽しむ。「メリハリをつけることで、節約のストレスがたまらないようにします」。

RULE 2

営業で1日中外回りをしても、足が痛くならないワコールのサクセスウォークを愛用。「安い靴を何足も買い直すより、足に合う靴を長く履いたほうが結果的にお得です」。

RULE 3

年に4〜5回は国内外へ旅行してリフレッシュ。「『トラベルコ』などの比較サイトを利用して、少しでも安いプランをリサーチ。旅費は年間10万円以内に抑えます」。

## 家賃8万円超えの都心生活 美容やグルメは格安で楽しむ

20代後半に都内でひとり暮らしを始めた広瀬美智代さん。「駅近・新築・オートロックを条件にすると、家賃はどうしても月8万円超えに。その分、他の出費を抑えるようにしています」。節約のために時間を費やしているのが、徹底したお得情報のリサーチ。欲しいものはまずメルカリに出品がないか探し、決済アプリのキャンペーン時期をチェック。「美容院やネイルサロン通いも欠かしたくないので、美容系クーポンも活用。時間をかけて情報を集めれば、お金をかけずにやりたいことを実現できます」。

MONEY DATA

［手取り月収］20万円

［手取り年収］380万円

［貯蓄&投資総額］219万円

## 香山葉子さん（仮名）

28歳／京都府／メーカー・法務／ひとり暮らし

RULE 1
月に7万円を貯蓄、2万円を確定拠出年金へ

RULE 2
無料セミナーで、お金や美容のスキルをアップ

RULE 3
3カ月に1度、5万円の旅費で温泉旅行へ

RULE 1

企業型確定拠出年金で毎月2万円を投資信託に拠出して運用。給料日に、自由に使うお金6万円を引き出し、生活費の引き落とし後、残金を貯蓄に。月7万円が貯蓄の目安。

RULE 2

お金や美容がテーマのセミナーなど、専門家の講習会に積極的に参加して知識を吸収。「ネットで無料セミナーを探し、友人と楽しみながら学んでいます」。

RULE 3

「友人と一緒に3カ月に1度、温泉旅行に行くのがお楽しみ。旅費は旅行1回につき5万円くらい。これまで城崎温泉や下呂温泉、玉造温泉などに行きました」

## 将来のためにコツコツ勉強中 定期的に旅行も楽しむ

京都のメーカーで法務を担当する香山葉子さん。服や美容は低価格でコスパの良いものを選び、ランチは1食300円の社食で済ますなど、ムダなお金は極力使わない。一方、お金をかけているのがスキルアップだ。仕事に生かせると考え、宅建や行政書士などの資格を取得。勉強は、平日の夜や週末のすきま時間を使っている。各種セミナーへの参加にも積極的だ。「もともと勉強は好きでコツコツ続けています。今は中国語と司法書士の資格勉強を。いつか資格を生かし、在宅で仕事ができたらと考えています」。

MONEY DATA

［手取り月収］28万円

［手取り年収］450万円

［貯蓄&投資総額］500万円

## 山崎美香さん（仮名）

30歳／専門商社・営業事務／夫と2人暮らし

RULE 1

仕事に関係のある「得意な業界」で投資先を探す

RULE 2

「損切りはしない」など、基本の6カ条を作って守る

RULE 3

個別銘柄の情報は、SNSではなく投資情報サイトで得る

RULE 1 仕事に関係のある業界なら、仕事上の勘が使える。「業界の流行や景気、需要見込みなどを肌で感じているので、株価が下落しても『あそこなら大丈夫』などと判断できます」。

RULE 2 「配当＋優待の利回りが2.5%以上を候補に」「基本的に損切りはしない」「投資資金は資産の70%まで」などの6カ条を作って遵守。「欲張らずに投資することが基本です」。

RULE 3 「最新の投資ニュースは『会社四季報オンライン』が便利、特定銘柄について知りたいときは『みんなの株式』をチェック。SNSの情報は玉石混交なので気を付けています」

## 「身近」な堅実投資を続けて 3年で380万円の利益

地元、ＩＴ、好きな製品をつくっている会社という3本柱で、投資する銘柄を探す山崎美香さん。個別株を中心に30銘柄以上を保有し、投資歴３年で３８０万円の利益に。仕事はＩＴ関連なので、３本柱の共通項は「身近」。「興味や土地勘があるので、将来性を肌感覚でも実感できます」。候補となる会社から、配当や自己資本比率（つぶれにくさの指標）、業績などの指標で投資先を絞る。「ＩＴ関連銘柄のなかには社内の雰囲気まで知っている会社も。実際、ＩＴ関連銘柄への投資で一番利益が出ています」。

MONEY DATA

〔手取り年収〕２７０万円

〔貯蓄＆投資総額〕１５９０万円（世帯計）

# 上谷 栞さん（仮名）

31歳／福井県／メディア関連／ひとり暮らし

RULE

1

1カ月10万円で生活し、月収の半分以上を貯蓄&投資へ

RULE

2

エスプレッソマシンを活用し、コーヒー代は月1000円に

RULE

3

年間60万円を使って国内外をひとり旅

## In Detail

RULE 1

自動積立定期預金で月12万円、財形貯蓄で月1万円を貯蓄し、月3万5000円を投資信託で積み立て。「残り約10万円で生活。家計簿アプリで管理し計画的にやりくりします」。

RULE 2

大のコーヒー好きだが、エスプレッソマシンを買ったことで「おうちカフェ」を実現し、コーヒー代は月1000円程度に。豆にこだわり、おいしく節約！

RULE 3

小笠原からスリランカまで国内外へ。「基本はひとり旅。いろんな人との出会いがあって面白い！ 年4～5回で旅費は60万～70万円。生活費を節約した残りから出します」。

### 生活費はしっかり抑え<br>大好きな旅行を楽しみたい！

福井県でメディア関連の仕事をする上谷栞さん。貯蓄を意識し始めたのは社会人になってから。月13万円を先取り貯蓄。約3年前から投信積み立ても始め、31歳にして貯蓄額は１４００万円。無理なく貯める秘訣は固定費の節約だ。「スマホは格安ＳＩＭで月２０００円。家賃は相場より安い物件で3万円台に」。出費は家計簿アプリに1円単位で入力して生活費を抑える一方、旅行にはお金を惜しまない。今まで訪れた国は17カ国。「写真家の星野道夫さんに憧れていて、いつかアラスカに行きたいです」。

MONEY DATA

| | |
|---|---|
| ［手取り月収］ | 27万円 |
| ［手取り年収］ | ４８０万円 |
| ［貯蓄＆投資総額］ | １４００万円 |

# 秋山紗季さん（仮名）

32歳／神奈川県／出版・編集／彼と2人暮らし

RULE 1

1カ月の食費は2人で5万円以内に収める

RULE 2

トレンドの服はGUで買い、ワンシーズンで着倒す

RULE 3

体力づくりのため、月1万円で通い放題のジムへ

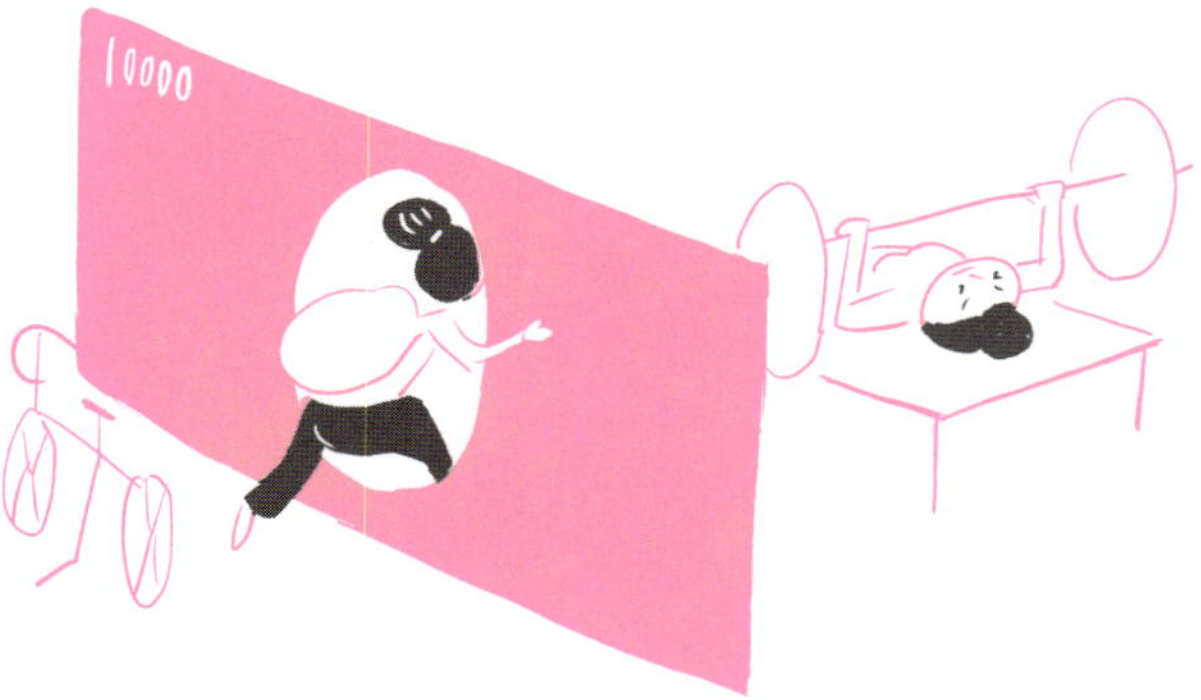

RULE 1
家賃と食費は彼と折半し、1カ月の食費は2人で5万円。「平日はなるべく自炊して節約しています。年内の結婚に向け、貯蓄のペースをもっと上げたいです」。

RULE 2
トレンドの柄や形の服は長く着られないので、GUのプチプラアイテムが大活躍。「ワンシーズン着倒すのでコスパも最強。しまむらにもよく行きます」。

RULE 3
自宅近くのジムは365日通い放題で月1万円。「週に2～3回、ホットヨガ、ランニングなどで汗を流し、体力アップ！ 半年で1.5kgやせました」。

## 生活習慣を見直し、仕事ばかりの人生をチェンジ

ファッション誌の編集者として働く秋山紗季さん。「20代後半は仕事に追われ、終電で帰る日も…。体調も崩しがちでした」。その生活を一変させたのが、彼との生活。「同居を始めたのを機に、働き方や生活習慣を見直しました」。21時には帰ると決め、仕事を効率化。早く帰れる日はジムへ行き、夕食も自炊にしたところ、心身共に健康に。仕事柄、服代がかさみそうだが、プチプラ服を上手に取り入れ、出費を抑えている。「将来の夢は日本と海外とを行き来するファッションエディター。仕事で使える英会話を勉強中です！」。

MONEY DATA

〔手取り月収〕30万円
〔手取り年収〕360万円
〔貯蓄額〕100万円

## 星野夏美さん（仮名）

33歳／広島県／医療・事務／実家暮らし

RULE 1

**老後と失業への備えとして、月3万円を先取り貯蓄**

RULE 2

**大好きな広島カープの応援グッズに年間2万円使う**

RULE 3

**総額120万円の歯列矯正で、コンプレックスを解消**

RULE 1

病気で働けなくなるなど、いざというときのために月3万円ずつ貯蓄に回し、貯蓄総額は400万円に。「保険は、個人年金保険と医療保険に加入しています」。

RULE 2

「物心ついたときには、カープの応援歌を歌っていた」と言う、根っからのカープ大好き女子。「親子3代、家族全員で応援しています」。集めたグッズは500点以上！

RULE 3

歯並びと噛み合わせを治すため、総額120万円の歯列矯正を決意。貯蓄から80万円を捻出し、残りは月1万2000円ずつ分割払いに。「本当にやってよかったです」。

## カープの大ファン！<br>人生を楽しみながらコツコツ貯蓄

MONEY DATA

〔手取り月収〕15万円

〔手取り年収〕200万円

〔貯蓄額〕400万円

星野夏美さんは親子3代、広島東洋カープの大ファン。「つらいことがあってもカープが勝つと、私も頑張ろうって笑顔になれます」。実家暮らしでも毎月3万円を先取り貯蓄。老後と失業への備えとして400万円を貯めた。ムダ遣いはしないが〝自分のためになる〟と思ったものに出費は惜しまない。「コンプレックスだった歯並びを直すため、5年前に歯列矯正を開始。噛み合わせも治りつつあり、大満足！」。仕事に役立つスキルを得たいとIT関連の資格も勉強中。「今は契約社員ですが、正社員で働くのが目標です」。

## 引田孝美さん（仮名）

34歳／愛知県／メーカー・広報／ひとり暮らし

RULE 1

財形貯蓄で
月2万5000円を
着実に貯める

RULE 2

基礎化粧品は
コスパのいい
無印良品でそろえる

RULE 3

ビジネススクールや
TOEICなど
自己投資にはお金を使う

## In Detail

**RULE 1**
毎月給与天引きで2万5000円を財形貯蓄へ。年に2回のボーナスも1/3を貯蓄。さらに結婚式など突発的な出費に備え、月2万円をネット銀行の普通預金口座で貯めている。

**RULE 2**
基礎化粧品は無印良品の敏感肌用シリーズを愛用。「安いので気兼ねなくたっぷり使用できて、肌にも合うところが気に入っています」。

**RULE 3**
MBAの取得を視野に、約20万円かかるビジネススクールに通い始め、ロジカルシンキングやマーケティングを学ぶ。TOEICの試験も定期的に受け、800点前後をキープする。

## 彼と別れたのを機に スキルアップに一念発起！

結婚を見据えた彼と昨年の夏に破局したことを機に、「人生をリセットする」と決めた引田孝美さん。「この先、歳を重ねても安定して収入を得るために、仕事で使えるスキルを磨こうと、自己投資を始めました」。社内のTOEIC試験を定期的に受け、留学で鍛えた語学力をキープ。MBA取得を目指し、ビジネススクールにも通い始めた。勉強と仕事とを両立させるため、会社の近くへの引っ越しも実現。「まだ将来の夢や目標は分からないけれど、新しい生活をスタートさせることで、やりたいことを見つけられたら」。

**MONEY DATA**

〔手取り月収〕22万円
〔手取り年収〕370万円
〔貯蓄額〕400万円

## 塩見祥子さん（仮名）

３４歳／愛媛県／教育・事務／ひとり暮らし

RULE 1

自動積立定期預金で、先取り貯蓄の金額を徐々に上げる

RULE 2

月額約２７００円のオンライン英会話でスキルアップ

RULE 3

移動は自転車を使い、地方在住でも車を持たない

In Detail

RULE 1
契約社員時代から、自動積立定期預金で先取り貯蓄。月5000円から始めて徐々に貯蓄額を上げ、現在では月4万円。2年前から月6500円ずつ、投信積み立ても始めた。

RULE 2
オンライン英会話を3年間継続中。現在は月額約2700円で「Weblio英会話」を受講。月4回、平日の夕食後などに30分間フリートークする。「英会話への抵抗がなくなりました」。

RULE 3
車社会の愛媛県に住んでいるが、あえて車を持たず、移動は自転車を使って交通費を節約。「雨が降ったら、思い切ってタクシーを利用。それでも車を買うよりずっとお得です」。

## 月4万円をコツコツ貯蓄し、「学び」には積極的に投資中！

他校での契約社員を経て、現在は正社員で学校事務に携わる塩見祥子さん。「学び」にはお金も時間も投資するのがモットーだ。仕事を通して興味を持った産業カウンセラーの資格を取り、今はワインセミナーやオンライン英会話を受講中。将来のために続けてきた貯蓄は現在850万円に。2年前からは投資信託の積み立ても開始。「バランス型投信でリスクを抑え、長期で運用予定。投資のおかげで経済にも注目するように」。将来の目標は職場の制度づくり。「皆がワークライフバランスを取れる環境をつくりたいです」。

MONEY DATA

［手取り月収］21万円
［手取り年収］320万円
［貯蓄&投資総額］850万円

## 坂下真子さん（仮名）

34歳／医薬品・営業事務／夫と子供1人と同居

RULE 1

買うときに「その株を持つ理由」をクリアにする

RULE 2

投資の先輩でもある父から、アドバイスをもらう

RULE 3

減ってもいい「余裕資金」で投資をする

RULE 1
保有株の売りどきを逃して含み損になった経験が。「“その株を持つ理由”が分かっていないと適切なときに売れないと気づき、“持つ理由”を明確にして買うようにしています」。

RULE 2
投資の考え方、銘柄選び、売買のタイミングなどの基本を投資の先輩である父に教わった。「私の性格や資金量、取れるリスクまで分かっているので、アドバイスは的確です」。

RULE 3
投資資金の元手は独身時代の貯金。「投資で増やせた今も“失っても生活には困らないお金”が増えただけと思っているので、株価が下がったときも冷静に対処できます」。

## 攻めの株式投資を行い 7年で720万円の利益に

15銘柄で1180万円を運用する坂下真子さんが投資を始めたのは2011年。投資の先輩である父の助言に従い、貯蓄の7割、約500万円でメガバンク株を配当目的で購入した。含み益は3年で1000万円を超え、投資の楽しさに目覚めた。今は配当目的以外の投資にも挑戦中で、利益は720万円に。「父をはじめ投資の先輩たちの手法を参考に、試行錯誤しながらマイルールを磨いています」。最近マイルールに加えたのが、その株を買う理由をクリアにすること。「損をしないためにはとても重要です」。

MONEY DATA

〔手取り年収〕520万円

〔貯蓄&投資総額〕3740万円（世帯計）

## 斉藤加奈さん（仮名）

35歳／富山県／マスコミ／ひとり暮らし

RULE 1

月収が増えても、月20万円以内で暮らす

RULE 2

食材は2週間に1度、オイシックスで購入

RULE 3

飲み会は1次会で切り上げる

RULE 1

家計簿アプリ「マネーフォワード」にクレカと電子マネーを紐付け、週1回収支をチェック。さらにエクセルで年間ベースの支出を管理し、イレギュラーな出費を見える化。

RULE 2

食材は宅配のオイシックスで購入。1回6000円ほどを目安に計画的に購入し、ムダ買いを防ぐ。「割高な商品もありますが、おいしく日持ちする商品が多いので、満足です」。

RULE 3

以前は2次会、3次会が当たり前だった飲み会も、今は1次会でさっと切り上げるように。「それでも交際費が多くなってしまう月は、趣味・レジャー費を引き締めて調整します」。

## 部署異動で月収が10万円減り、収支を見直し貯める意識へ

マスコミで働く斉藤加奈さん。入社時は深夜勤務などで残業代が多く、2年目の手取り月収は30万円。しかし、残業の少ない部署への異動とリーマンショックが重なり、月収が10万円ダウン！「以来、月20万円で生活できるよう、収支を徹底。現金はなるべく使わず、収支管理がしやすいカードや電子マネーを利用します」。昇給した今も、増えた収入分は貯蓄し、つみたてＮＩＳＡや定期預金を開始。「金利が高い『じぶん銀行』に口座を開設し、２００万円を定期預金に。もっと勉強して資産を増やしたいです」。

MONEY DATA

［手取り月収］25万円

［手取り年収］３６０万円

［貯蓄＆投資総額］１１０７万円

# 綿貫めぐみさん（仮名）

36歳／大阪府／金融・コールセンター／ひとり暮らし

RULE 1

「家賃5万円以内」で納得の行く住まいを探す

RULE 2

旅の費用は「旅行積み立て」で貯める

RULE 3

休日はお金に振り回されない生き方を実践

In Detail

RULE 1

固定費のなかで支出額の最も大きい家賃。「今の住まいは通勤30分圏内で家賃4万9000円の駅近ワンルーム。5万円以内でも、地道に探せば納得の行く物件に出合えます」。

RULE 2

旅行会社の積み立てを活用し、海外旅行や四国八十八ヶ所巡りをした。「旅行積立はサービス額率が1%以上とおトク。将来の旅行資金として月3000円を積み立てています」。

RULE 3

「お金に振り回されない生き方は大切」と考え、休日は社会貢献の時間に。病院でのボランティア活動は、現在までにトータル200時間を達成し、感謝状を受け取った。

## 貯められない性格を返上、手取りの3割を貯蓄&投資に

MONEY DATA

［手取り月収］21万円

［手取り年収］270万円

［貯蓄&投資総額］270万円

30歳でFX詐欺に遭い、約100万円を2年半で返済したことで、「今度は自分のために貯金しよう」と奮起した綿貫めぐみさん。お金に関する本を読みあさり、〝毎日100円貯金〟と純金積立をスタート。積立定期預金や旅行会社の積み立て、個人年金保険、iDeCoや投資信託の積み立ても開始。現在は手取り月収の3割以上を貯蓄と投資に回すが、「ほぼ自動引き落としで、貯蓄・投資分はなかったものと考え、残った金額で生活するからストレスはなし」。旅行積立による〝40歳記念モロッコ旅行〟が目下の目標だ。

## 世良りかこさん（仮名）

39歳／福岡県／医療・理学療法士／子供2人と同居

RULE 1

月15万円を貯蓄と投資に回し、教育費や老後資金に

RULE 2

年間10万円の予算でおトクな芸術鑑賞を楽しむ

RULE 3

毎年1回、子供たちと東京ディズニーランドへ贅沢旅

RULE 1
「子供の将来を考えて投資をするようになり、投資歴は約10年。毎月7万3000円を投資信託で積み立て、うち2万3000円はiDeCoを利用し、老後資金に回しています」

RULE 2
「クラシック音楽やミュージカル、美術など、芸術鑑賞が大好き。年間10万円と予算を決めて楽しむ代わりに、服飾費や美容費にはお金をかけません」

RULE 3
「毎年、東京の友人家族と一緒に、子供たちを連れて東京ディズニーランドへ。宿泊はオフィシャルホテルで贅沢に過ごします。家族3人の旅行の予算は合計30万円です」

## モノを買うよりも心を豊かにする体験に投資

世良りかこさんは病院で働く理学療法士。中学生と小学生の子供と暮らすシングルマザーだ。「モノに執着がなく、観劇やクラシック鑑賞、読書など、心を豊かにする芸術的な体験にお金を使います」。予算は年間10万円、会社の福利厚生や公募の半額チケットを利用し、工夫しながら芸術を楽しむ。年に1度の家族旅行も欠かさない。「理学療法士は体力がいるため、いつまで続けられるか不安。将来の転職に備え、ケアマネジャーの勉強を始めます。お金の知識を深めたいのでFPの資格も取得したいです」。

MONEY DATA

［手取り月収］30万円
［手取り年収］400万円
［貯蓄額］約1000万円

# 中野はるかさん（仮名）

42歳／サービス・デザイナー／ひとり暮らし

RULE 1

1カ月に1回、すべての口座の残高を手帳に書き写す

RULE 2

移動中に生協のアプリで1週間分の食材を注文

RULE 3

骨格診断で自分の体形を知り、似合う服だけを買う

RULE 1

給料日にはすべての口座の残高を手帳に記入。「数字を見ることで、貯蓄のモチベーションを保ちます。もし減っていたら、翌月は特に節約を意識」。

RULE 2

会社帰りなどの移動中に、1週間分の食材を生協のアプリで注文する。「スーパーやコンビニへ寄らなくなり、ムダ買いがなくなりました」。

RULE 3

骨格診断のサイトでセルフチェックし、自分の骨格に似合う服だけを購入。「買ったけれど着なかった、という失敗がなくなりました」。

## 食費は月2万円に抑えつつ<br>美容費とライブ代は惜しまない

趣味のライブ代と美容院代で月に約5万円使いつつ、月9万円貯金している中野はるかさん。「趣味と節約を両立するため、食事は基本的に自炊。会社にはお弁当持参です」。ムダ買いを減らすため、食材は生協のアプリでまとめ買い。作り置きのおかずを夕食とお弁当に使い、月の食費を2万円以内に抑える。生きがいはライブ鑑賞で、多いときで月5回はライブへ行ってリフレッシュ。「ロングセラーのプチプラコスメや自分の骨格に合う服だけを買って、買い物の失敗をなくせば、趣味のお金は十分に確保できます」。

MONEY DATA

［手取り月収］29万円

［手取り年収］460万円

［貯蓄&投資総額］2300万円

# 花池夢子さん（仮名）

45歳／小売・事務／ひとり暮らし

RULE 1

株は数万円の
利益が出たら売り、
優待株は長く保有する

RULE 2

買い物は
スマホ決済を
使い分け

RULE 3

年に1度、
7万円の予算で
ひとり旅を満喫

RULE 1

「株式投資は欲張らず、数万円の利益が出たら売ります」。投資資金は株の利益の範囲内で。保有し続けると優待内容がグレードアップする銘柄は長期で持つようにしている。

RULE 2

「今はスマホ決済がおトクなので、キャンペーンを見逃さず使い分けています」。PayPay、メルペイ、Origami Pay、楽天ペイ、d払いなどをシーンによって使い分けている。

RULE 3

数年前に息子が独立し、自分の時間が増えたのを機に、年1回、7万円の予算で2泊3日のひとり旅を楽しむ。行き先は京都や広島、伊勢など。「京都では舞妓体験も実現！」。

## 投資先の破綻で大損するも、イチから出直し1000万円到達

19歳で結婚し、24歳で離婚、子育てしながらコツコツ資産を増やしてきた花池夢子さん。個別株投資は2011年に始めた。10銘柄前後に投資し数万円の利益で売却、次の有望株を探す。投資資金は売却益から出し、貯蓄には決して手を付けない。「出資していた和牛預託商法の会社が倒産し、全財産の約9割の1650万円を失った苦い経験があるので」。以来、株のこまめな利益確定と貯蓄で年100万〜150万円増やし、再び資産1000万円台に。「株主優待も活用し、お金を減らさないことも意識しています」。

MONEY DATA

［手取り月収］17万円

［手取り年収］205万円

［貯蓄&投資総額］1048万円

# 篠原かなでさん（仮名）

49歳／大阪府／メーカー・秘書／ひとり暮らし

RULE 1

マンションのローンは完済し、浮いたお金を貯蓄＆投資へ

RULE 2

書道の師範の資格を持ち、定年後の収入につなげる

RULE 3

3カ月に1度、ホテルで5000円のご褒美ランチ

RULE 1

マンションのローンは完済したため、月の住居費は管理費と修繕積立金のみの2万円。「浮いたお金を貯蓄と投資に振り分け、老後資金に」。

RULE 2

約20年習っていた書道を再開。5年で師範免許を取得し、現在は週1回、8人の生徒にペン字を指導する。副業収入は月8000円ほど。「定年後は回数を増やす予定です」。

RULE 3

「平日のランチはお弁当持参で節約しているため、3カ月に1度はザ・リッツ・カールトン大阪へ。友人と5000円のコースを頼み、贅沢ランチを楽しみます」

## 貯蓄&投資で老後に備えつつ“今”を楽しむことも忘れない

大学卒業後、メーカーに就職した篠原かなでさん。書道師範の資格を持ち、ペン字指導の副業もこなす。7〜8年前から投資を始め、投資信託や金を毎月一定額ずつ積み立てで購入。給料が上がるたびに投資額を増やし、今は月8万5000円を貯蓄と投資に回す。「離婚をして今はひとり暮らし。マンションのローンは完済したため、浮いたお金を貯蓄と投資に振り分け、老後資金に。愛猫と友人たちと老後を笑って過ごすのが夢」。年に1度は海外旅行し、旅先での買い物も楽しむ。「自分へのご褒美も大切ですから」。

MONEY DATA

［手取り月収］24万円

［手取り年収］400万円

［貯蓄&投資総額］2500万円

みんなのルール編

# 自分を整えるルール②

飲む＆食べる、寝る、買う、話す、歌う…。
「これをすれば、いつもの自分に戻れる」という
みんなのマイルールは、バラエティーに富んでいます。

まるこさん @leelifegood
［32歳／京都府／医療・専門職／夫と子供2人と同居］

RULE 1
**買い物は週2回**にして、まとめ買いでやりくり

RULE 2
投資をしているので、平日は**『Newsモーニングサテライト』で経済をチェック**。その後は教育テレビへチャンネルをチェンジ

RULE 3
自分の感情で子供を叱ってしまったときは、**抱きしめながら謝る**

## minami kasaeさん @daikokuminami

［33歳／兵庫県／福祉・支援員／夫と子供2人と同居］

RULE 1

TO DOリストに必ず、
**「コーヒー」などの休憩**も組み込む

RULE 2

**献立は1週間分を作成**し、
食材はポイント3倍デーにまとめ買い

RULE 3

子供と一緒に昼寝し、
**自分時間は早朝に確保する**

## eri oyamadaさん @2329eri

［31歳／宮城県／広告・営業／ひとり暮らし］

RULE 1

寝るときは、スマホを**機内モード**にする

RULE 2

**読書灯代わり**にスマホのライトを使用する

RULE 3

誰かと一緒にいるときは、スマホは**休憩させる**

## michiruさん @chiru__rs

［32歳／兵庫県／介護福祉士／夫と子供2人と同居］

RULE 1

仕事前に**マウントレーニア エスプレッソ**を飲む

RULE 2

鏡の前では、**キメ顔をして笑顔**を作る

RULE 3

車でひとりのときは、
ひたすら**愚痴を大きな声で**言う

## ココロカラー Miyukiさん @kokorocolor358

［45歳／福島県／薬局・登録販売者／ひとり暮らし］

RULE 1

夜22時以降は、**スマートフォンを見ない**

RULE 2

1日の終わりには、**良い香りの入浴剤や**
**アロマオイル**のお風呂に入る

RULE 3

毎日寝る前に、
**その日に感謝したこと**を思い浮かべる

## kanaさん @fnhskn6

〔26歳／神奈川県／小売・ウェブマーケティング／ひとり暮らし〕

RULE 1 毎日、**寝る前にカモミールティー**を飲む

RULE 2 ヘアケアは**柑橘系のいい香りのもの**を選ぶ

RULE 3 1日3分でも**好きな人と電話**して、たくさん笑う

## Mio Tanakaさん @miot1216

〔30歳／東京都／保険・企画／ひとり暮らし〕

RULE 1 お昼に外食orお弁当を買った日は、**夜に自炊する**（飲み会がある日は、昼にお弁当を持参）

RULE 2 毎朝、会社に持っていく**コーヒーを淹れ、フレーバーティーを作る**

RULE 3 毎週金曜日の夜は、**蜂蜜の香りの酵素洗顔**をしてリフレッシュ

## あっちゃんちの節約暮らしさん @anica_1626

［35歳／大阪府／IT・企画／夫と子供1人と同居］

RULE 1

ストレスがたまったときは、
**夜中にひとりでお菓子作り**

（家族が喜ぶ、自分のペースで物事が進む、無心になれる、短時間でモノが完成するので達成感が味わえる）

RULE 2

疲れ果てたときは、**お金を払って時間を作る**

（子育て→ベビーシッター。
仕事→タクシーを利用or人に頼む。
家事→お総菜、時短家電）

RULE 3

年に1回は**海外旅行をする**

（超節約家計ですが、ここはモチベーション維持のために譲れません）

## KEIKOさん @keiko_kim0628

〔30歳／東京都／公務員・語学専門職／ひとり暮らし〕

RULE 1

落ち込んでいるときほど、
**見た目は整えてオシャレする**

RULE 2

**K-POPを聴いて**通勤する

RULE 3

朝はスタバで飲み物を買い、
**通勤の道の街並みを見て**、自分を鼓舞する

## くるくるさん @kurukuru1234321

〔25歳／岡山県／小学校教諭／実家暮らし〕

RULE 1

もやもやしたときは、**ひとりカラオケ**へ

RULE 2

もやもやしたときは、**とにかく早寝**。
平日、週1回は21時に寝る

RULE 3

もやもやしたときは、**ひとりで市民図書館へ**。
お年寄りや子供のなかで静かに過ごす

リアル調査編

# 働く女子の お金 の意識を探ってみました

## Q 普段、お金をかけているモノ、またはお金をかけてもいいと思うモノは？（複数回答）

| | | |
|---|---|---|
| 1 | 靴 | 36.5% |
| 2 | バッグ | 31.6% |
| 3 | スキンケアコスメ | 28.9% |
| 4 | 食材 | 26.4% |
| 5 | 洋服 | 24.5% |
| 6 | 寝具 | 23.8% |
| 7 | 枕 | 17.5% |
| 8 | 家電 | 16.2% |
| 9 | 下着 | 15.0% |
| 10 | 住宅 | 14.1% |

## Q 家計改善のために検討していることは？（複数回答）

| | | |
|---|---|---|
| 1 | 投資を始めて資産の増加を目指す | 24.6% |
| 2 | 食費など日常生活費を抑える | 19.2% |
| 3 | 老後にも長く働けるように今から準備する | 18.9% |
| 4 | 特にない | 18.4% |
| 5 | 副業を始めて収入アップを目指す | 14.7% |
| 6 | 転職して収入アップを目指す | 9.9% |
| 7 | 住宅費や通信費、保険料などの固定費を抑える | 9.3% |
| 8 | 今の勤め先での収入アップを目指す | 8.2% |
| 9 | 地方や海外などへ移住する | 2.0% |

★アンケートは2019年9月、日経WOMAN公式サイトで実施。
上は474人（平均年齢41.1歳）、下は421人（平均年齢41.4歳）が回答。

第 3 章

# 仕事・スキルアップのMy Rules

たとえ好きでも嫌いでも、縁あって携わっているのが今の仕事。
せっかく取り組むなら、求められていることはしっかりこなしつつ、
ささやかな成果も上げて、周囲の人に喜んでもらいたいもの。
評価されれば、自己肯定感のアップにもつながります。
仕事の段取りや人間関係がうまくいくルールのほか、
やりたいことを実現するためのルールを持つ人たちを紹介します。

# 三好　彩さん

29歳／保険・営業

RULE 1

結果が出ないときは「飛躍のための充電期間」と考える

RULE 2

パンプスは汚れの落ちやすい「黒のエナメル」を愛用

RULE 3

相手の「話し方」「間の取り方」で気持ちを察知する

RULE 1

結果が出ないときは、「次に飛躍するための充電期間」と切り替え。足を止めたら苦しい状態が続くため、顧客に直筆の手紙を書くなど、できる限りの努力で乗り越える。

RULE 2

靴は汚れの落ちやすい黒のエナメルを愛用。顧客宅へ上がることも多いため、靴磨きを日課に。雨の日のために、汚れ落とし用のウエットティッシュや防臭スプレーも常備。

RULE 3

入社以来、7年担当していた前部署のコールセンター業務の経験を生かし、営業先でも「まずは話を聞く」。相手の話し方や間合いで気持ちをくみ、信頼を得る。

## “前向きオーラ”と“聞く力”で、人付き合いのスキルを日々磨く

日本生命保険で個人営業として活躍する三好彩さん。社内でも営業活動でも大切にしているのが「聞く力」だ。「相手の話に耳を傾けると、話し方や間の取り方から相手の思いを察知でき、最適な返答やアドバイスができます」。営業が思うようにいかないときも「努力すれば悔いは残らない」と顧客にまめにアポイントを取るなど、常に前向き。営業は結果が問われる分、「経験の浅い後輩はもっと苦しいはず」と後輩への声がけも忘れない。社内行事に参加して自身を奮い立たせる仲間も増やし、チーム一丸で士気を高める雰囲気づくりを心がける。「ビジネス書でも伝え方や聞き方を学んで、対人スキルを磨いています」。

## 鈴木彩乃さん

29歳／マーケティング・営業

RULE 1

後輩を指導するときは第一声で褒める

RULE 2

日報は「読みたくなるタイトル」を工夫する

RULE 3

服装も決断の仕方も、憧れの人を常に意識

RULE 1

最初に良かった点を褒めてから、一番伝えたい改善点や問題点を指摘。「そこで会話を終えると部下のやる気が下がる危険性があるので、最後は必ず前向きな言葉で」。

RULE 2

社員が誰でも閲覧できるオンライン上の日報はタイトルを工夫。思わずクリックしたくなるタイトルを付け、より多くの社員に仕事の成果や努力を評価してもらえるよう心がける。

RULE 3

大きな決断をしたり勝負服を選んだりするときは、尊敬する上司や憧れの女性リーダーを頭に浮かべる。「理想像を思い描くようになったら、マネジャーに昇進しました！」。

## 小さな習慣で自分を上手にアピール<br>努力が実り、マネジャーに昇進

マーケティング会社、ランドスケイプの営業マネジャー、鈴木彩乃さんが自分のアピールに役立てているのが、社員全員が閲覧するオンライン日報だ。「読みたくなるタイトルを付け、クライアントの雰囲気や課題、私からの提案を具体的に書きます」。自分の人となりを他部署の人にも知ってもらうため、読んだ本の感想なども加える。「共感を得られた日報にはさまざまな反応があり、他部署の方から有益なアドバイスをもらうことも」。こうした努力が奏功し、20代でマネジャーに昇進。年俸も60万円アップした。「すきま時間には資格を勉強中。スキルアップしながら、理想とする女性リーダー像に近づきたいです」。

## 菊池華恵さん

35歳／人材・取締役

RULE 1

ストレスはオフ時間に発散し、職場では負のオーラを出さない

RULE 2

部下の報告には「即リアクション」する

RULE 3

予定と予定の間を、あえて1時間空ける

RULE 1

部下にのびのびと楽しく働いてもらうため、職場の雰囲気を悪くするようなネガティブな言動はしない。「ストレスは趣味の城巡りやカラオケで、オフ時間に発散しています」。

RULE 2

社内チャットに投稿された部下の報告には即座にリアクション。「短い言葉でもいいから"即レス"して、『頑張っているところをちゃんと見ているよ』と伝えています」。

RULE 3

1日の予定はGoogleカレンダーで共有し、ひとりで集中したい時間もメンバーに周知。「タスクの間に必ず1時間空け、心に余裕を。部下たちの相談タイムになることも」。

## 自分の"心の余裕"をキープしながら部下の強みを生かすマネジメントを意識

転職エージェントのＭＡＰで女性向けの転職支援事業を立ち上げた菊池華恵さん。多くの部下に慕われる存在だが、リーダーになった当初は失敗も。「頑張る姿を見せればついてきてくれるはずと自分のやり方を押しつけてしまい、部下の強みや良さを生かし切れずにいました」。そこで、部下を徹底的に観察。各自のモチベーションが上がる言葉を伝えて、強みを引き出すようにした。また、社内の雰囲気をポジティブにするため、テンションを一定に保つことも意識する。「ネガティブな感情を表に出さず、タスクとタスクの間にはしっかり頭を切り替えて、心の余裕をつくる時間を設けています」。

## 坪倉 愛さん

36歳／人材・営業／夫と子供1人と同居

RULE 1

週に1度、「やりたいこと」をSNSのグループに発信

RULE 2

子供を寝かしつけた後は、自己啓発タイムに

RULE 3

休日のボランティアでキャリアの幅を広げる

RULE 1

やりたいと思ったことは、すきま時間にスマホや手帳にメモ。「キャリア志向の高い友人たちと、SNSで週に1度、『今週はこれをやります』と宣言。実行力が高まりました」。

RULE 2

子供が寝た後、23時までは勉強時間に充てる。「時間術や仕事術など、ビジネス書を読むことが多いです。やりたいことリストを見直して、やり忘れがないかもチェックします」。

RULE 3

出産後も続けているのが、休日を使った「女性のキャリア支援」。「先日は、友人が開催するワーママセミナーのパネリストに。女子学生の相談に乗ることもあります」。

## やりたいことリストを活用し、育児中でも理想のキャリアへ

2年半前に育休から復帰したエン・ジャパンの坪倉愛さん。3歳の子供の育児をしながら管理職を目指す。さらに「世の中の女性たちのキャリア支援がしたい」と、休日はボランティアで女子学生の就職相談やワーママのキャリア相談に乗る。「忙しくても夢や目標を諦めないため」に役立てているのが、「やりたいことリスト」だ。通勤時間や育児の合間のすきま時間に、仕事、子供、家事、キャリアと項目別にやりたいことをメモ。目標実現のため「○○の予約をする」など、すぐできる具体的なタスクに落とし込む。「リストを見返すことで、忙しくてもやるべきことを忘れないようになりました」。

## 篠田尚子さん

36歳／証券・ファンドアナリスト／夫と2人暮らし

RULE 1

天気に応じたコーディネートを決め、毎朝悩まない

RULE 2

マーケット情報は1日2回しかチェックしない

RULE 3

自分の専門分野以外は、あえて手を出さない

RULE 1

スマホの天気予報アプリを3つ使い、天気と気温をチェック。「雨の日は泥ハネが気にならない濃い色の服、晴れた日は白いパンツと、天気によって服を決めておきます」。

RULE 2

国内外のマーケットを本気でチェックするとキリがない。「市場分析はエコノミストに任せ、私は毎日マーケットの始まりと終わり、記事執筆時に確認するくらいにしています」。

RULE 3

投資信託のセミナー、本やウェブ記事の執筆も手がけるが、セミナーの構成や告知資料の作成などは専門部署に任せる。「そのほうが効率が良く、自分の仕事に集中できます」。

## ONでもOFFでも“雑務”をとことん捨てて 最速でスペシャリストに

楽天証券経済研究所で投資信託の分析・評価業務を行うファンドアナリストの篠田尚子さん。現在、日本国内に十数名しかいない投資信託のファンドアナリストのなかでも屈指の活躍ぶりだ。日々、忙しい篠田さんのポリシーは、「餅は餅屋」。執筆する本の章立てやタイトル付けなどはプロである編集者に任せ、セミナーの広報活動や集客もプロに依頼。時間をムダにしないために自分は余計なことを考えず、インプットや専門性を磨くことに集中する。「全部自分ひとりで準備をするより、2~3倍多くの数を担当できるなど効率的。私は専門分野でもっと人に頼られたいですから」。

# 山田かおりさん

37歳／IT・マネジャー／実家暮らし

RULE 1

「今年のやりたいことリスト」をスマホの待ち受けに設定

RULE 2

仕事は15分単位でやるべきことを決める

RULE 3

自分の時間の4割をプライベートの「自己投資」に充てる

Self investment

RULE 1

「今年のやりたいこと」をリスト化して、スマホの待ち受けに設定。「いつでも目に入るようにすることでモチベーションが高まり、1歩踏み出そうと思えます」。

RULE 2

「この書類を15分で作る」など、15分単位で作業を進める。「机に15分の砂時計を置き、区切りをつけて取り組むことで、ダラダラと作業することを防げます」。

RULE 3

プライベートで街づくりの活動に力を注ぐようになり、以前は2割程度だった自己投資の時間が4割に増え、日々の充実度がアップ。「仕事時間は短くなった分、効率重視に」。

## プライベートの“場づくり”の活動で オンもオフも充実するように

オンラインコミュニティーを運営するクオンの山田かおりさんがオフタイムに力を入れているのは、街づくり活動。「仕事を通じて〝場〟の重要性を感じ、プライベートでも人と人をつなぐ場をつくってみたくて」。街づくりに取り組む人材を育てる「ご近所イノベーション学校」を修了後、現在は講座内で立ち上げた「サニーズバー」のプロジェクトを中心に活動中だ。「家族を介護・看病している人に、気分転換の場を提供する取り組み。活動を通じて新しいつながりも生まれました」。活動日は定時で退社できるように作業を前倒しで進めるなど、仕事にもプラスの影響が。「毎日が充実しています」。

# 森下由佳子さん

37歳／百貨店・バイヤー

RULE
1
仕事は最低2日は前倒しで進め、相手に催促しない

RULE
2
新規の取引先と会うときは、相手の出身地も調べる

RULE
3
髪は1つ結びに、ネイルはしない

**RULE 1** スケジュールは、最低でも2日は前倒しで組む。「忙しいオーナーシェフに、こちらの都合で『急いでほしい』とは言えない。催促せずに済むよう、あらかじめ余裕を持たせます」。

**RULE 2** 新規の取引先との商談前に、相手の出身地もリサーチ。「出身地には、よく使う食材や好みが反映されることも。そこまで調べることで会話も弾み、信頼関係も築きやすいです」。

**RULE 3** 取引先の訪問時には、キッチンや工場内、製造現場を見学することも。「食べ物を扱う場所なので、髪の毛が落ちるのは厳禁。髪はまとめ、マニキュア、香水もつけません」。

## フード業界ならではの作法を徹底。相手の“ツボ”を押さえる下調べも

高島屋でバイヤーとして働く森下由佳子さんの仕事の1つに、ギフトカタログ用フード商品の企画開発がある。「取引先は全国100社以上の老舗名店や人気店のオーナーシェフなど。まずは先方の信頼を得ないといけません」。そのために徹底しているのが、食品業界のマナーに準じた身だしなみや、繁忙期を考慮したスケジュール設定。人気店にアプローチする際は、相手の出身地や経歴まで調べて〝ツボを押さえる〟ことで、心をつかむ。「先方が催事で東京に出店する際はこまめに顔を出し、日ごろから密に関係づくりをすることで、新規の企画提案時も、相手を説得しやすくなるんです」。

# 辰巳祐里香さん

40歳／サービス・企画

RULE 1

重要なメールを送った後は、口頭でフォローする

RULE 2

役職が上の人への提出物は少量&大きな文字に

RULE 3

憂鬱な仕事は午前中に終わらせ、ランチをご褒美に

RULE 1

メールを読み飛ばされる、返事を長時間待つなどの時間のロスを防ぐため、社内の人に重要なメールを送った後は口頭でフォロー。この一手間で、その後の作業がスムーズに。

RULE 2

資料作成時は、提出先の相手の年齢や立場を確認。役職や年齢が上がるほど多忙なもの。短時間で趣旨が把握できるよう資料の枚数を減らす。文字も大きく、読みやすくする。

RULE 3

苦手な仕事などは、できるだけ午前中に終わらせる。終了後はご褒美に豪華なランチを設定。「最近のご褒美は、フカヒレ入りチャーハンでした」。

## メール返信の「断捨離」ワザで<br>時間のロスを減らし、作業効率アップ

電子チラシサービス「Ｓｈｕｆｏｏ！」の利用者拡大事業を手がけるＯＮＥＣＯＭＰＡＴＨの辰巳祐里香さん。仕事の効率アップの秘訣は、メール返信の「断捨離」にある。「メーリングリストやｃｃで届いたものなど、返信不要なメールの基準を決めて自動で別フォルダに振り分け。必要に応じてサッと目を通します」。一方、重要な社内メールは送信の5〜10分後に相手の席まで行き、その場で返答をもらうことも。「返信を待って作業が止まる時間のロスや、読み飛ばされるリスクを減らします」。手帳はバーチカルタイプを愛用し、移動時間も記入。「作業に費やせる時間がひと目で把握できます」。

# 山田貴子さん

40歳／自動車・企画

RULE 1

年間100冊を目標に
毎日必ず本を読む

RULE 2

現場に出かけ、
月に100枚以上の
名刺を使う

RULE 3

出会った人とは、
SNSでつながる

## In Detail

**RULE 1** 読む本は、自動車やIT、未来予測はもちろん、文章術や絵本まで。最新情報を得るため、洋書は翻訳されたらすぐに読む。多読のコツは「毎日、1ページでもいいから読むこと」。

**RULE 2** イベントや展示会、IT企業の研修会、自治体の講演会などに積極的に参加し、知識と人脈を広げる。「さまざまなジャンルの人に会うので、1カ月に使う名刺は100枚以上です」。

**RULE 3** 自動車メーカーやIT企業の人だけでなく、モータージャーナリストなど、出会った人とはSNSでつながる。「入手した情報は、LINEなどで仲間とタイムリーに共有します」。

### 毎日“自分磨き”を続けるコツは、決めた習慣を1分でも行うこと

全国各地で情報を集め、さまざまな企画を立案、実現し、活躍の場を広げてきたトヨタ自動車の山田貴子さん。すきま時間を使って毎日〝自分磨き〟を続けている。「自動車業界の知識では誰にも負けないように、本やネット、関係省庁の資料を読み、さまざまな人とSNSで交流。常に最新の情報を入手しています」。自分磨きを続けるコツは、決めた習慣を毎日、1分でも行うこと。「知識や情報を外部の人にも評価される成果につなげることが大切です」。その一環として挑戦した総務省の新規事業企画コンテスト「異能vation」では、2017年から3年連続ノミネート。「頑張った自分へのご褒美になります」。

## 石田ふみさん

43歳／人材・教育研修

RULE 1

週2の派遣勤務だからこそ、進捗はメールで細かく報告

RULE 2

作業ごとの所要時間を一覧にして、時間管理を厳密に

RULE 3

資料作成に使えるデータやアイデアを日々ストック

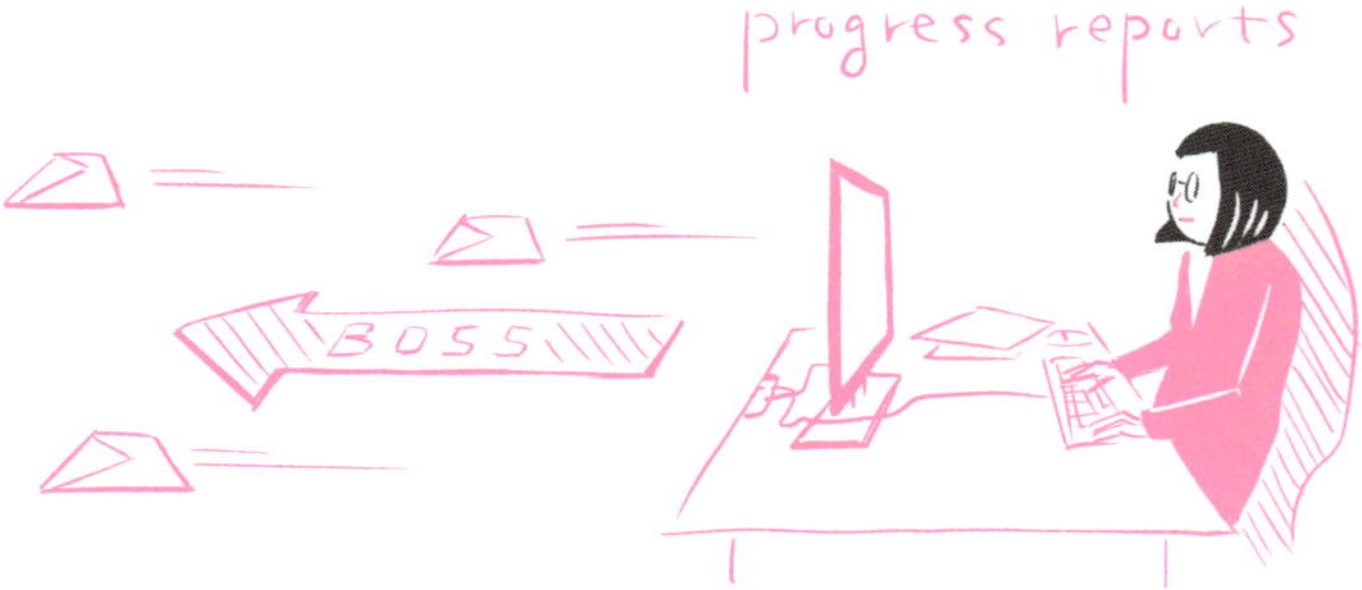

## In Detail

RULE 1

退社前に、進捗状況を分かりやすくまとめた報告メールを上司に送信。「メールを見れば次に着手すべきことがすぐに分かるため、自分のタスク管理にも役立ちます」。

RULE 2

初めて行う作業は、所要時間を記録してエクセルで一覧表に。「出勤日が限られているからこそ、時間管理は厳密に。これを元に予定を組めば、スケジュールが狂いません」。

RULE 3

企画書に使えるデータを見つけたり、アイデアが浮かんだりしたときは、パワポにメモ＆クリッピング。「企画書を作成するとき、そのままコピペできて便利です」。

## 締め切り厳守やマメな報連相で
## 週2勤務でも「仕事を任される人」に

専門性を生かして短時間で働くZIPWORKという働き方を実現している、石田ふみさん。前職での経験を生かして、現在は派遣先で教育研修の企画運営を担当する。週2日勤務のため、不在時に周囲が困らないよう「報連相」を徹底。「退社前には日報代わりのメールを上司に送り、進捗状況を共有。自分のタスク管理としても役立てています」。限られた時間で結果を出すことも意識している。「『頼んでよかった』と思われるよう、依頼された仕事にはプラスαで応えたい。日ごろからデータやアイデアをストックして効率化を図り、得た知識は周囲へ惜しみなくアウトプットするように心がけています」。

# 池田千恵さん

45歳／朝イチ業務改善コンサルタント

RULE 1

朝の行動パターンを「松・竹・梅」の3種類に決めておく

RULE 2

通勤時はキンドルの「読み上げ機能」を使い、耳で読書

RULE 3

仕事場へ行く前にカフェでボーッとする

RULE 1

4時起きできたら「松」で、自分のための朝活手帳タイムに。5時半起床の日は「竹」で、録画を見ながら筋トレ。就寝が遅く、子供が早起きした日は「梅」で、自分時間は諦める。

RULE 2

読書にはキンドルの読み上げ機能も活用する。「通勤時に荷物で両手がふさがっていて、耳だけ空いているといった状態でも、読書ができるので助かります」。

RULE 3

仕事に行く前はカフェに寄り、気分をリセット。「慌ただしく仕事を始めると、結局ムダ時間が増える。ワンクッションおくほうが気分良く働けます」。

## 朝の「余白の時間」で<br>自分の感覚と欲求を取り戻す

朝4時起きで大学受験の失敗に雪辱し、仕事のキャリアを積み上げてきた、池田千恵さん。外食企業や外資系企業を経て、「朝活」を提唱するコンサルタントとして活躍する。現在も朝4時起きを続けるが、意外にも朝は「仕事」ではなく、「余白」のための時間だという。「効率良くがむしゃらに突き進むよりも、自分がこの先どうしたいのかをじっくり考える時間が大切です」。朝時間に欠かせないのは、無地のノートと手帳。日々のTODOから「考えるだけでワクワクする夢」まで自由に書き出し、頭の中を整理する。「書き出すことで頭がクリアになり、朝から〝自己投資している〟充実感を味わえます」。

# 篠田真貴子さん

51歳／無職（ジョブレス）

RULE 1

ウジウジする
自分を否定しない

RULE 2

結婚の
タイミングを
計らない

RULE 3

年齢を重ねても、
安定した居場所に
固執しない

RULE 1

大好きだった外資系企業に契約解消された悔しさを引きずる自分と向き合った。「解放されたのは10年後。新しい仕事に手応えを感じ、自分らしい仕事の形がつかめました」。

RULE 2

28歳で留学を決めたとき、当時交際中だった夫と結婚し、2人で私費留学。「夫婦でジョブレスでしたが、私は結婚も出産もしてよかった。勢いに乗るのも悪くないですよ」。

RULE 3

「人生100年時代といわれる今、50歳は折り返し地点。私が70歳になったとき、社会のリーダーとなった今の20代と共に働けるように自分を磨き続けなくては、と思います」

## 新しい扉を開くために “積極的失業”を満喫中

「私、やり切ったかもと思えて、50歳で〝無職〟になりました」と篠田真貴子さん。複数の外資系企業を経て、40歳で東京糸井重里事務所（現・ほぼ日）に入社。取締役CFOとして上場に立ち会うなど「濃厚な」10年間を過ごした後、50歳でのリセットを選択した。「40代までは、挑戦しては『違う…』と次に移る、消去法のキャリアでした。経験を重ね、『バックオフィスから会社の価値の最大化を工夫するのが得意』という自分の持ち味に気づけた。50代からは、それを生かした自分らしいアウトプットに挑戦したい。1年の〝失業期間〟で自分を見つめ直したら、再就職したいと思います」。

# 高橋陽子さん

51歳／ウェブデザイナー／夫と2人暮らし

RULE 1

人の上に立つよりも
好きな仕事で
人の役に立つ

RULE 2

若い同僚とは
尊敬し合える、
フラットな関係を保つ

RULE 3

ひとり暮らしの
80代の父には
毎日電話をかける

RULE 1

「一定の年齢になると人を管理する立場に転身する同業者も少なくないですが、私はマネジメントは苦手。ウェブデザインに集中できる今の働き方が、とても気に入っています」

RULE 2

「同僚は皆年下ですが、若くてもしっかりしていて、私の20代、30代の頃とは大違い。尊敬できる人たちに囲まれて仕事ができることに感謝しています」

RULE 3

子供はいないが、気がかりなのは85歳でひとり暮らしの父。「定期的に家を訪ねるほか、電話は必ず毎日かけて、つながり続けるように。通勤途中などに短時間でも話します」。

## 20代でパソコンに夢中になって以来、ウェブデザイン一筋。今の働き方が幸せ

営業代行のエグゼクティブで、ウェブデザインの仕事を担う高橋陽子さん。20代の頃、趣味で始めたパソコンに夢中になり、ＩＴ業界へ。以来、この道一筋。「クライアントの真の要望を引き出しながら形づくっていくところが、この仕事の面白さ。情報を整理して、いかに分かりやすく伝えるかを工夫することが好きで、天職だと思っています」。この先の働き方やお金の不安がないといえば嘘になるが、「いろいろ考えてもどうにもならないこともあると、6年前に母を亡くしたときに実感しました。日々を真面目に生きて、何かあったら皆で協力し合えば、大抵のことはなんとかなると思っています」。

## 杉谷佳美さん

57歳／不動産、レジャー・広報／子供1人と同居

RULE 1

ムチャぶりされても断らずに挑戦する

RULE 2

理不尽なことがあっても「すぐに怒らない」と決める

RULE 3

家のローンは繰り上げ返済せず、一定の預金額を保つ

**RULE 1**
総務部に長く勤務していたが、56歳で突如、広報担当の“ひとり部署”へ異動に。「ムチャぶりされても断らない。たとえ失敗しても、挑戦することが大事だと思っています」。

**RULE 2**
「アンガーマネジメントを知ってから、すぐにカッとなることはやめました。もちろん泣き寝入りすることはなく、必要であれば意見を言います」

**RULE 3**
43歳で離婚後、家を購入し、ローンは75歳まで。「何があるか分からないので繰り上げ返済はせず、一定額の預金を保つつもり。とはいえ貯金も大してないですが…」。

## 想定外の連続でも断らずにチャレンジ！ 仕事は自分で楽しくするもの

56歳で突如、総務から新設のひとり部署への異動を言い渡された杉谷佳美さん。今は社内報の編集業務などを一手に担う。それまでの人生も想定外の連続。パート社員だった37歳のとき、子供の学校のＰＴＡでの活躍から声がかかり、不動産ベンチャーの正社員に。主婦目線を生かした自由な発想が評価され、後に経営企画を任されるまでに。しかしリーマンショックで会社が傾き、47歳で現在の会社へ。その間、息子2人を連れ離婚も経験した。「ムチャぶりされても挑戦してきたことが、私の強みになっています。生きている限りストレスはありますが、いかに〝自分が楽しむか〟を大事にしていきたいです」。

# 若宮正子さん

84歳／神奈川県／ITエヴァンジェリスト／ひとり暮らし

RULE 1

## 80代からでも新しいことを学び、挑戦する

RULE 2

## 年を重ねてからの勝負服は、赤やピンク

RULE 3

## 英語力は英検準1級レベルに上げておく

RULE 1

アプリのプログラミングを学び始めたのは80歳から。81歳で、シニア向けのゲームアプリを作り上げ、話題に。今は子供にプログラミングを教えるための電子工作に挑戦中。

RULE 2

「肌がくすんでくる年寄りこそ、派手な服を着るべき」。ここぞという舞台に立つときは、赤やピンクの服を着用。近所のお店で買った800円のポロシャツなど、プチプラが中心。

RULE 3

会社員時代に英会話学校へ通い、通勤中の耳学習で英検準1級を取得。80代になった今も、「英検の勉強の“残り香”で海外旅行も英語スピーチも困りません」。

## 好きなことを学ぶだけ 学びも暮らしも自然体

80代でアプリを作り上げてアップルの世界開発者会議に招待され、世界を驚かせた若宮正子さん。きっとストイックな勉強家に違いないと話を聞いてみたら、「極めようとしない・ためらわない・どんどん人に聞く」という勉強術に、起床や就寝、食事の時刻もその日次第と、学びの姿勢も暮らしぶりもとても自然だ。「プログラミングは勉強というより、興味があることに挑戦しただけ」と気負いもてらいもない。今は電子工作に挑戦中だ。独身ひとり暮らしで、旅も学びも自由に謳歌する。「大人の勉強は道楽。やりたいことをやればいい。ものにならなくても、必ずプラスになりますよ」。

みんなのルール編

# 時間を整えるルール

1日や1カ月などのタイムスケジュールのなかで、
どの時間に何をするかを決めてしまえば、自分のペースが
乱れません。投稿でいただいた、時間のルールを紹介します。

## Yukaさん @yukaayoga

［27歳／福岡県／建築・事務／夫と2人暮らし］

RULE 1

毎月、**新月の日にお願い事や目標を**
ノートに書き出す

RULE 2

**月に1度、“美容の日”を決めて**、
1日でまとめて美容系の予定を済ませる
（美容室、マツエク、ネイル、エステなどから2項目くらいまでを選ぶ）

RULE 3

寝る前に**10分間のヨガ**をする
（立ちポーズは少なめで、寝たままできるポーズが中心）

## 時計さん @1130hello

［36歳／千葉県／金融・銀行受託事務／実家暮らし］

RULE 1

睡眠は**1日10時間前後**をキープ

RULE 2

食事会や飲み会は**2時間まで**

RULE 3

**服を手帳に**毎日記録する

## 2boysmama.Y.kさん @ot531yumi

［33歳／千葉県／作業療法士／夫と子供2人と同居］

RULE 1

寝る前に必ず、子供たちと
**「今日の楽しかったこと」**を話す

RULE 2

平日も休日も朝は5時に起きて、
**手帳やノートを書く**

RULE 3

出勤前に、**大好きなカフェオレを飲むタイミング**を決めて頑張る（出勤時にテイクアウトするか、事務所で淹れるか、帰宅時に寄り道するか、など）

## rriirrii1616さん @rriirrii1616

［28歳／東京都／看護師／夫と2人暮らし］

RULE 1

仕事の日も休みの日も、
**毎朝同じ時間に起きて朝食**を食べる

RULE 2

気分が乗らないときや**疲れているときこそジム**へ行き、自分のできる範囲で体を動かす
（ウオーキング10分、各筋トレ30回程度でもOKに）

RULE 3

**3年日記**を続ける（その日に書けなくてもOK。継続していくことに重点を置いている）

## asamiさん @asa_mamalife

［32歳／東京都／金融・事務／夫と子供1人と同居］

RULE 1

帰り道に、**明日の朝までのTO DO**を書き出す

RULE 2

どんなに忙しくても、
**夜は子供と一緒に寝てしまう**

RULE 3

早起きできた朝は、**好きなことをして充電**

有希さん @ni_uk1

〔24歳／長崎県／医療・歯科衛生士／夫と2人暮らし〕

RULE 1

**夜はとにかくすぐ(21時まで)に寝て**、
朝から家事を頑張る

RULE 2

**朝ごはんから一汁三菜**をしっかり食べる

RULE 3

お風呂と就寝は、**旦那との共有タイム**に
(いつまで続くか分からないけれど、仲良しの秘訣)

よっちゃんさん @yoshi_note_life

〔34歳／大阪府／販売／夫と子供2人と同居〕

RULE 1

1日にたとえ15分でも、
**子供と向き合って過ごす時間**を必ず作る

RULE 2

**手帳タイム&すごろくノート**で、
心で思っていることを書き出す

RULE 3

毎日、**7時間は寝る**

みんなのルール編

# スキルアップのルール

勉強したり、これからの“戦略”を練ったり、
自分のコンディションを最適にしたり…。
スキルアップをかなえる、みんなのルールをご紹介。

## GRAKO888さん　@grako888

［34歳／東京都／勤務医／子供2人と同居（夫は単身赴任中）］

RULE 1

**夜は22時までに子供と一緒に寝落ち**して、
その分、朝は4～5時にスッキリ起きる

RULE 2

起床してすぐ、**Bluetoothイヤホンでの**
**英語リスニング**で、眠気を吹き飛ばす
（NHKの語学講座『基礎英語1』を聴く）

RULE 3

起床から6時半までの間は、
子供や仕事に邪魔されない
**「1日の作戦タイム」兼「自由時間」**に
（メールや手帳チェック、資格試験の朝勉強など）

## ゆらさん @styleup2018

［34歳／沖縄県／公務員・事務／夫と子供3人と同居］

RULE 1
1日15分は自分の時間に。
書く時間を確保して、**「自分新聞」**を作る

RULE 2
自己成長につなげるために、
**付箋をつけながら読書**する

RULE 3
思考をリセットするために、
就寝の5分前に**体と頭のコリをほぐす**

## Karungiさん @poyapoya_ki

［30歳／宮城県／医療・看護師／夫と子供1人と同居］

RULE 1
**毎朝15分、ヨガ**をする

RULE 2
どんなに忙しくても、**朝ごはんには必ず卵**を使う（卵には朝の脳に必要なものが、ビタミンC以外ほぼすべて入っているらしい）

RULE 3
映画やSNSなどで英語に触れるときは、
**英語を1フレーズ以上覚える**

リアル調査編

# 働く女子が最近、実現したことを聞いてみました

## Q 過去1年の間に、あなたがプライベートで実現したことは？（複数回答）

| | | |
|---|---|---|
| 1 | プライベート時間が充実するようになった | 18.0% |
| 2 | 新しい趣味を始めた | 16.9% |
| 3 | 恋愛、別離など、人間関係に変化があった | 12.4% |
| 4 | 部屋がきれいになった | 11.6% |
| 5 | 英語など語学のスキルを磨いた | 8.8% |
| 5 | 家事を効率よくこなせるようになった | 8.8% |
| 7 | 友人が増えた | 7.6% |
| 8 | お金が貯まるようになった | 7.4% |
| 9 | 仕事とは関係なく興味のある資格を取った | 6.9% |
| 10 | 家族との関係がよくなった | 6.7% |
| 11 | ボランティア、地域活動などを始めた | 5.0% |

## Q 過去1年の間に、あなたが仕事で実現したことは？（複数回答）

| | | |
|---|---|---|
| 1 | 実績を評価されて昇級した | 9.3% |
| 2 | 仕事に関する資格を取得した | 8.3% |
| 3 | 転職した | 7.8% |
| 4 | チームリーダー、管理職など責任あるポジションについた | 6.9% |
| 5 | 副業を始めた | 4.5% |
| 6 | 営業成績アップ、売り上げアップなどを達成した | 4.3% |
| 7 | 人や社会に役立つ新しいサービスやシステムをつくった | 2.4% |
| 8 | 起業した | 1.2% |

★アンケートは2019年8月、日経WOMAN公式サイトで実施。579人（平均年齢40.0歳）が回答。

# 第 4 章

# 美容・健康の My Rules

自分の健康状態や見た目が“イマイチ”な日は、
気分が落ち込み、何をするにもパフォーマンスが落ちてしまいがち。
日ごろから食生活や睡眠、肌ケア、運動習慣を
少し気をつけるだけで、自分の“いい状態”を保つことはできます。
日々を元気に過ごし、見た目にも自信を持つために
とっておきの方法を実践している人たちのマイルール、必見です。

## 塚田　萌さん

29歳／サービス・広報

RULE
**1**
愛用のロードバイクで、外でも家でもトレーニング

RULE
**2**
薬膳料理で、体と向き合いながら必要な食べ物を取る

RULE
**3**
1日30分は「仕事」を考えない時間をつくる

In Detail

RULE 1
手持ちのロードバイクを専用機器に取りつけ、自宅でトレーニング。休日はトライアスロンチームの仲間と一緒に、サイクリングロードを東京から埼玉まで約100〜120km走る。

RULE 2
体と向き合い、そのときに必要な食べ物を取ることで不調を防ぐ。スーパーで買える食材で簡単に作れる薬膳料理を献立に。「薬膳アドバイザー養成通信講座」も受講中。

RULE 3
寝る前にその日の感情を書き出して心をすっきり！「目の前のことに追われると、大事なことを見過ごしてしまう。忙しいときほど仕事から離れる時間をつくり、頭をリセット」。

## トライアスロンと薬膳料理で 肌荒れ＆体調不良と無縁のカラダに！

ピクスタで広報を務める塚田萌さんは、平日は朝ランで1日をスタート、休日には仲間とロードバイクで100km走る。「5年前は今より10kg太っていて、2km走っただけで過呼吸になるほど運動不足でした」。ダイエットのため、往復40分の自転車通勤で体力をつけてからランニングを開始。走る楽しさに目覚め、1年でフルマラソンを完走するまでに。昨年からトライアスロンにも夢中だ。「大会で完走できたときの達成感は最高です」。食べるもので体はつくられると考え、薬膳料理の勉強も開始。「その日の体調に合わせて食材を選び、自炊。70代でもレースに出られる体力維持が目標です」。

# 成枝友里恵さん

30歳／ヨガスタジオ・研修企画

RULE 1
朝のシャワーの後、鼻うがいで風邪知らずに

RULE 2
通勤時間はあえて各駅停車に乗り、瞑想タイム

RULE 3
入浴前に、音楽を聴きながら2分40秒間だけ筋トレ

RULE 1

1年前から始めた鼻うがい。「食塩水を片方の鼻の中に流し込み、もう片方の鼻と口から出します。鼻の中が洗い流され、すっきり。今年は花粉症も改善しました」。

RULE 2

電車内で30分かけて瞑想を行う。「目を閉じて“今”に集中。過去や未来に対する漠然とした不安から意識を離し、気持ちをリセット。心を元気に保てば、疲れも半減します」。

RULE 3

入浴前には音楽を聴きながら筋トレ。「ブルーノ・マーズの『Runaway Baby』は約2分40秒で気分が最高に上がる曲。少しきつい筋トレも、短時間集中で頑張れます」。

## ながら運動、食事改善、瞑想で1年中薬いらずに。自己肯定感もアップ！

「ホットヨガスタジオＬＡＶＡ」の運営会社で社員研修の企画や講師を担う成枝友里恵さん。オン・オフ共に筋トレやストレッチを習慣化し、社内の食生活改善プロジェクトを機に食事内容も見直した。「専門の機器によってカフェインやアルコール、小麦が体質に合わないと分かり、控えています」。また、砂糖より甘酒、白米より玄米、肉より魚とヘルシーな食材を意識することで、体が軽くなり、生理痛や頭痛などの不調が改善。心のモヤモヤは、瞑想やセルフコーチングで解消する。「1日1度は自分を褒め、今日もありがとう、と感謝。ポジティブになり、自分に自信が持てるようになりました」。

# 古川裕子さん（仮名）

35歳／広告・営業

RULE 1

朝は南部鉄器で
白湯を作り、
鉄分を補給する

RULE 2

昼食後は
「置きスニーカー」で
会社の近くをウオーキング

RULE 3

夜はスマホで
ヨガの動画を見ながら
体をほぐす

RULE 1

朝起きたら、南部鉄器で沸かした白湯をコップ1杯飲む。「胃腸が温まり、便通が良くなるほか、南部鉄器から溶出した鉄分も摂取できます」。

RULE 2

会社にスニーカーを常備しておき、ランチ後に近くの住宅街を30分ほどウオーキング。「気持ちが切り替わり、午後からも仕事を頑張れます」。

RULE 3

夕食後は、お気に入りのダイエットアプリ「FiNC」のヨガ動画を見ながら、15分間のヨガタイム。毎晩、体をほぐし、1日の疲れを癒やしている。

## すきま時間の運動とヘルシーフードで お金をかけずにスリムな体形をキープ

30歳で肌荒れに悩んだことから〝健康オタク〟になった古川裕子さん。仕事の忙しさで乱れていた食生活を見直したところ、肌荒れが改善。食べ物で体が変わることを実感して、さらにヘルシーな食事を心がけるように。「焼き肉やラーメンなどの脂っこい食事と距離を置き、魚中心の和食に。塩分は控えめを意識しています」。数年前に出産したが、食生活のおかげで体重は産前よりも2kg減。体形維持のため、ウオーキングやヨガなどお金をかけずに自分でできる運動を取り入れている。「体力もつき、風邪を引かなくなりました。平日午後に感じていた気だるさもなくなり、仕事の効率もアップしています」。

## 細川モモさん

37歳／予防医療コンサルタント／夫と子供1人と同居

RULE 1

**魚メインの朝食で、体内時計をリセットする**

RULE 2

**不足しがちな鉄とビタミンDはサプリで補う**

RULE 3

**つらいことがあった日は、お風呂で思い切り泣く**

RULE 1

魚に含まれるたんぱく質が体内時計を強力にリセットし、自律神経を整えてくれるため、朝食は和食が基本。時間がない日はヨーグルトスムージーで簡単に。

RULE 2

不足すると貧血や心身の乱れを招く鉄と、免疫力を高めるビタミンDは、食事だけでは不足するため、サプリで補完。カプセルの粉末やオイルをスムージーに混ぜて飲む。

RULE 3

つらいことがあったら無理に忘れようとせず、「その日のうちに受け入れてしまうほうが結果的に引きずらない」。お風呂でつらかったことを思い出し、きっちり泣くことで前向きに。

## 不安やストレスに強くなるには 健康な体をつくるのが第一！

日本に予防医療を根づかせようと、研究や情報発信にいそしむ細川モモさん。「不安感など心の不調も、身体的な原因に由来することが多い。まずは体を整えることが第一です」。細川さん自身が最重要視しているのが、必ず朝食を食べること。「朝食は、うつ病の要因にもなる体内時計のずれを整えてくれる。特にその効果の高い魚を極力食べるようにしています」。不足すると心身の乱れにつながる鉄やビタミンDは、サプリメントでまめに摂取。「通常の健康診断には含まれない血中栄養素や女性特有項目などを調べる自由診療も定期的に受けて、常に自分の体の状態をチェックしています」。

# 平山愛子さん

38歳／会社代表・管理栄養士

RULE 1

こまめな保湿習慣で、17年間ノーファンデ生活

RULE 2

手作り発酵食で免疫力を上げ、腸内環境を整える

RULE 3

入浴後のお灸とお香で、寝られない毎日を改善

## In Detail

RULE 1

会社のデスクに化粧水を置き、顔や手、腕などを、こまめに保湿。自ら開発した無添加化粧品「Tocco」を愛用。肌のトラブル知らずで、17年間ノーファンデ生活を送っている。

RULE 2

発酵食＝作るのが面倒というイメージだが「材料を混ぜて放っておけば発酵するので、手間いらず」。冷蔵庫にはお手製のキムチやぬか漬け、味噌、豆乳などが並ぶ。

RULE 3

長年不眠に悩み、脳ドックでは脳年齢208歳と診断されショック!「入浴時はお湯につかり、寝間着や寝具をチェンジ。お灸やお香なども始め、快眠できるようになりました」。

## 手作り発酵食でお肌ツルツル、内臓を疲れさせない食生活に

化粧品会社「セレナイト」の社長として多忙な日々を送りながら、健康診断は驚きの「オールA」という平山愛子さん。秘訣は、管理栄養士の知識を生かした手作り発酵食のデトックス生活。「美しさの土台は健康。内臓を疲労させないように、食べ物は無添加にこだわり、発酵食で免疫力を上げて腸内環境を整えます。長年、便秘や風邪とも無縁です」。バスタイムは、湯船に日本酒と塩を入れて汗を出す。スキンケアは徹底した保湿を意識し、きめ細かなツルツル肌をキープ。17年間ノーファンデと、肌も健やかそのものだ。「夢は、早めに引退して、いろんな国に行くこと。元気な体を維持したいです」。

# 高橋正子さん

47歳／健康食品メーカー・人事総務

RULE 1

朝食に、海苔を巻いた卵を2個食べる

RULE 2

入浴中に頭皮マッサージをしてシワを予防する

RULE 3

夜、ノートに感情を書いて心を整える

RULE 1 朝食は、海苔を巻いたゆで卵と、「フルッタアサイーエナジー」&無調整豆乳&青汁のドリンクが定番。「ゆで卵+海苔は、テレビ番組で見た大地真央さんの朝食を参考に」。

RULE 2 シワ予防のため、入浴時に頭皮をマッサージ。「湯船につかりながら、大きく口を開けて『アイウエオ』を繰り返し、表情筋を鍛えています」。

RULE 3 メンタルコントロールに役立っているのが、ノートを活用した自己分析。「ネガティブな感情も正直に書いて、なぜそう思うのかを分析します」。

## 食事の内容から気持ちのケアまで 体の声を聞きながら、自分らしさを追求

「40代半ばから眠気やだるさに悩まされるようになった」と言う、フルッタフルッタの高橋正子さん。生活にも支障が出始めたため、食事を中心に生活改善することに。「体重や体脂肪率を測定してメモし、調子がいい日と悪い日の差をチェック。体の変化を見ながら、自分に合う食品や栄養バランスを研究し、糖質を減らして野菜とたんぱく質を中心にした今の食生活に行き着きました」。職場では人事総務担当として多くの社員とやり取りするため、常にニュートラルな状態でいることが求められる。「落ち込んだときは、ノートを使った自己分析でメンタル面をケア。前向きな気持ちを保っています」。

# 岸　優子さん

47歳／化粧品メーカー・総務

RULE 1

料理中に片足を上げて筋トレする

RULE 2

朝はフェイスパックをしながら家事をする

RULE 3

雑穀、玄米、麦を選び、白いお米は食べない

RULE 1

子供が小さくて運動できなかったときは、料理しながら筋トレ。片足を上げたまま食材を切ったり、鍋をかき混ぜたり…。上げた足を内側にグッと寄せると、さらに負荷がアップ。

RULE 2

スペシャルケアは夜より朝がいいと聞き、実践中。「朝起きたら、洗顔と化粧水で肌を整えた後、ちふれの美容液シートマスクをつけて、食事の準備など家事をします」。

RULE 3

家には数種類の穀物を常備。「子供には白米のご飯を出すこともありますが、大人用は、玄米が多い。白米も、雑穀や麦を混ぜて炊いています」。

## 時間の使い方も食卓も「家族と共有」し 楽しみながら続けられるように

12歳と8歳の子供を育てながら、ちふれホールディングスで事業用地の取得から安全災害対策まで幅広く担当する岸優子さん。その仕事ぶりはもちろん、すらりとした美脚は社内の女性の憧れ！「20代のときにランニングスクールに通ったほど運動好き。けれど出産後は自分の時間が取れず…」。そこで、美や健康の習慣は〝家族で一緒〟に切り替え。「子供が赤ちゃんの間は一緒にできるピラティスへ。今は家族の食事を健康的なものにしています」。無理をしないことも、40代になってからのルール。「仕事帰りの約束は、疲れていたら相手に正直に伝え、キャンセルさせてもらっています」。

みんなのルール編

# 暮らしを整えるルール

部屋の中をキレイにしたり、生活費のメリハリをつけたり、
といった、暮らしのルールについての投稿を紹介。
洋服の買い方についてのルールを持つ人も目立ちました。

TIさん @tmkmoon87
［47歳／熊本県／アパレル店長／単身赴任中］

RULE 1
**起床したらすぐ部屋を掃除**（コロコロとホコリ取りで）。寝る前にはすべての排水口を掃除する

RULE 2
洋服は安価な自社製品を着るけれど、
**靴、カバン、仕事用の筆記具は質の良いもの**を必ず使う

RULE 3
金運アップのために、
**お財布は持たず、ビニール傘は買わない**

## ちいさな暮らしさん @be_minimal_life

［46歳／神奈川県／ホテル業・事務／夫と子供1人と同居］

RULE 1

### 私服を制服化

秋冬だったら、ユニクロのメリノウールニットか寒い日の厚手のニット、テーパードパンツ、チェックのストール。グレー、ネイビーを基準に、色とスタイルを決めて選びます。

大切にしている少しだけいいモノは、ジョンストンズのストールと、ウエストンのローファー、チャーチのブーツ。満足感があり、これを身に着ければどこへでも臆せず行けるものを持つようにしました。

RULE 2

### 服はシーズンの初めに買い替え

昨シーズンにこれが足りなかったな、これは傷んできたな、というアイテムを買い替え。

流行りや人のものを見て欲しくなったものは、結局一つも残っていないため、初めに自分で決めることが一番大切です。

RULE 3

### 目的のないセールには行かない

決めたものだけを購入するようにしたら、「これがあったら便利かも」がなくなりました。本当に必要なときに手に入れて、たくさん使ってあげたほうが、コスパがいい。

買って失敗した、というストレスや罪悪感がなくなり、お金が自然と貯まるように。

旅行や勉強の時間が増えて昇格するなど、いいことばかりです。

## るんさん @runchanto

［23歳／東京都／福祉・教育／実家暮らし］

RULE 1

**バッグの中身**はその日のうちに
すべて出してしまう

RULE 2

**モノはストックせず**、必要なときにその都度買う

RULE 3

週に一度は**お気に入りの静かなカフェ**に行き、
思考を整理する

## ikuさん @iku_mmdd

［30歳／神奈川県／公務員・教育／ひとり暮らし］

RULE 1

**毎日15分ちょっと掃除**して、部屋をリセットする

RULE 2

ボーナス時に**被服費12万円を別口座に**
移して、洋服代はそこから使う

RULE 3

**手が届くところに掃除用具**を置いて、
すぐに掃除できる環境を作る

## komaringo_goさん @komaringo_go

［41歳／広島県／高齢者施設ソーシャルワーカー／夫と子供2人と同居］

RULE 1

予期せぬ収入は、**周囲の皆さんへの差し入れ**などに使う。右から入ったお金は、左に流しても上から入ってくるものだと思うので

RULE 2

**独り占めは禁物**。コストコなどでまとめ買いしたものも、手土産感覚でシェアする

RULE 3

**地元に貢献する**意識を常に忘れない

みんなのルール編

# 大切な人へのルール

子供や夫など、身近な人に接するときの
マイルールを決めている人も。
ポジティブな態度は、相手の心も温かくするはずです。

tommyさん @tommy_s60
［34歳／埼玉県／金融・事務／夫と子供2人と同居］

RULE 1

子供たちが保育園から帰宅したら、

**「今日保育園どうだった？ 何して遊んだの？」**

と聞く

RULE 2

寝かしつけの前に、**「今日も1日楽しかったね～、素敵な1日だったね～」**と言いながら
ハグする

RULE 3

**「おはよう&おやすみなさい」**
**「いただきます&ごちそうさま」**は
必ず子供と一緒に言う

## 川原麻由佳さん @mayuka_kawahara

〔34歳／福井県／医療・事務／夫と義父母と同居〕

RULE 1

**夫がしてくれたこと**を毎日1つ以上見つけて「ありがとう」と伝える

RULE 2

プライベートでどんなにイライラしても、つらいことがあっても、周りに当たらない。**鏡で笑顔をチェック！**

RULE 3

完全なオフの日以外は、近くのコンビニへ行くときでも、**メイクも服も手を抜かない**（その代わり、家から出ない日は干物女を満喫♡）

## Fumiko Nishidaさん @fummyko.n

〔38歳／千葉県／建設・人事／夫と子供2人と同居〕

RULE 1

家の玄関を出たら、**すべての方に笑顔**

RULE 2

**会社には遅刻しない**（子供が体調不良のときは欠勤、または朝は出社して早退する）

RULE 3

子供に「**かわいいね♡**」と1日10回以上は伝え、ハグする

リアル調査編

# 働く女子の健康・美容の習慣を聞いてみました

## Q 健康・美容のためにしている運動やトレーニングは?(複数回答)

| | | |
|---|---|---|
| 1 | ウオーキング | 39.5% |
| 2 | ヨガ | 38.1% |
| 3 | 筋トレ | 31.1% |
| 3 | ストレッチ | 31.1% |
| 5 | ランニング | 13.7% |
| 6 | ピラティス | 13.4% |
| 7 | ダンス | 10.4% |
| 8 | 登山・ハイキング | 8.4% |
| 9 | スイミング | 4.7% |
| 10 | ボクシング(キックボクシングを含む) | 2.7% |
| 10 | ゴルフ | 2.7% |

## Q 運動やトレーニング以外で、健康・美容のためにしていることは?(複数回答)

| | | |
|---|---|---|
| 1 | 栄養バランスを意識した食生活 | 41.1% |
| 2 | 体重管理 | 27.3% |
| 3 | サプリメントや健康食品の摂取 | 25.1% |
| 4 | たんぱく質など特定の栄養を意識した食生活 | 24.8% |
| 5 | 糖質制限 | 14.9% |
| 6 | ネットで健康・美容情報をチェック | 14.8% |
| 7 | 健康・美容雑誌、書籍を購読 | 13.4% |
| 8 | カロリー管理 | 12.1% |
| 9 | 美顔ローラーなど美顔器を使用 | 8.3% |

★アンケートは2019年6月、日経WOMAN公式サイトで実施。589人(平均年齢41.4歳)が回答。

# My Rules
# 書き込みシート

さまざまな女性たちのルールを読んで、
いかがでしたか？

「私もこんなルールをまねしたい」

「私だったらこんなルールにしたい」

「そういえば私、これがマイルールかも」

など、いろいろな気持ちがあふれているはず。

今のあなたが自分らしくいられるための
「珠玉のルール」を書き込んでみてください。

# 暮らしのMy Rules

RULE 1

RULE 2

RULE 3

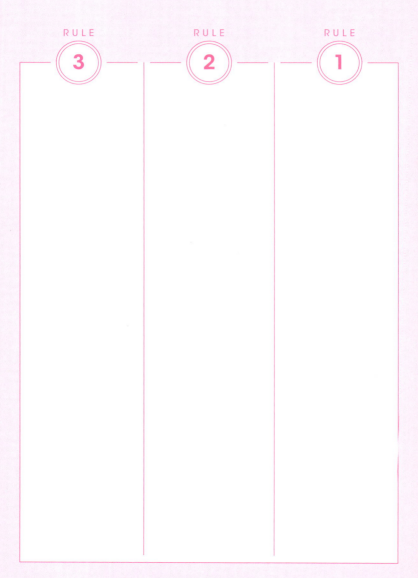

# お金のMy Rules

RULE 1

RULE 2

RULE 3

# 仕事・スキルアップのMy Rules

RULE 1

RULE 2

RULE 3

# 美容・健康のMy Rules

RULE 1

RULE 2

RULE 3

# のMy Rules

RULE 1

RULE 2

RULE 3

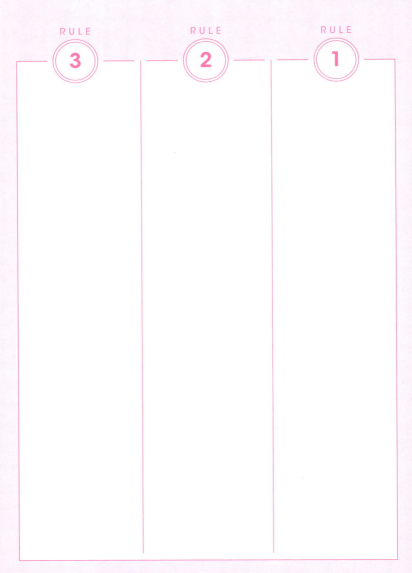

の My Rules

RULE 1

RULE 2

RULE 3

| | |
|---|---|
| 取材・文 | 奥 紀栄、工藤花衣、杉田あゆみ、高島三幸、田北みずほ、武田京子、西尾英子、新田理恵、簱智優子、三浦香代子、山名洋子、吉田明乎、若尾礼子 |

本書に掲載の情報は、日経WOMAN2017年6月号、2018年2月号・3月号・4月号・7月号・9月号・10月号・11月号・12月号、2019年1月号・2月号・3月号・4月号・5月号・6月号・9月号・10月号の記事の一部を抜粋、加筆、再編集したものです。内容は原則として取材当時のものですが、一部情報を更新しています。

“いつもの私”で毎日がうまくいく

My Rules

2019年11月18日　第1版第1刷発行

| | |
|---|---|
| 編者 | 日経WOMAN編集部 |
| 発行者 | 南浦淳之 |
| 発行 | 日経BP |
| 発売 | 日経BPマーケティング |
| | 〒105-8308　東京都港区虎ノ門4-3-12 |
| カバーデザイン | 小口翔平＋岩永香穂（tobufune） |
| 本文デザイン | 喜來詩織（tobufune） |
| イラスト | 髙柳浩太郎 |
| 制作 | 増田真一 |
| 編集 | 藤川明日香（日経WOMAN編集部） |
| 編集協力 | 株式会社マーベリック（大川朋子、奥山典幸、松岡芙佐江） |
| 印刷・製本 | 図書印刷株式会社 |


Printed in Japan　ISBN978-4-296-10494-9